世界をつくり変える男

イーロン・マスク

Elon Musk

著 竹内一正

ダイヤモンド社

Photo:Benjamin Lowy /Contour By Getty Images

いは、ザッカーバーグのフェイスブックは人々のコミュニケーションのあり方を変え、現実の世界に革命をもたらす原動力ともなりました。

しかし、そんな彼らの破格の活躍でさえ霞んでしまうほど、イーロン・マスクが実現しようとしている「未来」には、とんでもないスケール感と奇想天外さが溢れています。

グーグル創業者の一人で、資産約5兆円を有するラリー・ペイジはこう言っています。

もし、自分の莫大な財産を残すとしたら、慈善団体ではなく、イーロン・マスクに贈る。彼なら未来を創れるからだ。

イーロンと仲がいいラリー・ペイジのこの言葉には、もちろんジョークも含まれているでしょう。しかし、グーグルで世界を変えてきたビジネスリーダーの一人ラリー・ペイジにそう言わせせるだけの魅力がイーロン・マスクにあることは間違いありません。ラリー・ペイジをして「未来を託したくなる」という男。

イーロン・マスクとはいったい何者なのでしょうか。

どんな未来を見据え、何を実現しようとしているのでしょうか。

興味を引かれると思いませんか。ラリー・ペイジだけでなく、世界中の名だたる投資家が「イーロン・マスクが描く未来」に期待を寄せ、莫大な資金を投資しています。

これがまた奇妙な話で、イーロン・マスクがやっているビジネスがものすごく大きな利益を出し続けているかと言えば、決してそうではありません。むしろ、赤字であったり、倒産の危機を迎えたりするなど、お世辞にも「投資家が喜ぶ業績」を挙げてはいないのです。「自らの資産を増やす」ということに熱心な『ふつうの投資家』なら、イーロン・マスクに投資などしません。金儲けが上手な経営者ならほかにいくらでもいるからです。

それなのに世界中の投資家がイーロン・マスクに投資するのはなぜか。

それは彼がカネ儲けよりも、未来を作ることに情熱を傾けているからです。

その期待感こそが、イーロン・マスク最大の魅力であり、独特の光を放つ個性でもあります。こんなにも愉快で、痛快で、ワクワクするビジネスリーダーがほかにいるでしょうか。

170億円の成功など「ほんの序章」に過ぎない

1971年、南アフリカ共和国で生まれたイーロンは、17歳で母国を離れ、カナダへと移住し、クイーンズ大学に入学。その後、アメリカのペンシルベニア大学に編入すると物理学と経営学を学び、1995年、スタンフォード大の大学院へと進学しました。1995年と言えば、ウィンドウズ95が発売され、世界中の人々のライフスタイルから産業のあり方までも大きく変わっていく年でした。

そんな時にシリコンバレーの空気を吸っていれば、起業への思いが沸き立つのは自然の流れ。イーロン・マスクも例外ではなく、せっかく入ったスタンフォード大学院をわずか2日で辞めると、弟のキンバル・マスクとソフトウェア制作会社「Zip2」を起ち上げます。天下のスタンフォード大学院を2日で辞めてしまう決断と行動力はさすがですが、それだけシリコンバレーの熱狂がイーロン・マスクを突き動かしたとも言えるでしょう。

そして、イーロンが考えついたインターネットのイエローページ版のアイデアは時代を先取りし、「Zip2」は大成功。

PC大手のコンパックに約3億ドル（約300億円）で売れるまでに成長し、この買収によってイーロン・マスクは約2200万ドル（約22億円）を手にします。

この資金を元手に、今度はインターネット決済のサービス事業会社「Xドットコム」を起ち上げました。紆余曲折がありながらも、この会社も結局は成功。「Xドットコム」は創業翌年の2000年にはコンフィニティ社と合併してペイパル社となり、そのペイパル社を、ネットオークション大手のイーベイが15億ドル（約1500億円）で買収することになります。この買収劇は全米でも話題となりました。

端的に言えば、イーロン・マスクが起ち上げた会社は次々と成功し、合併を経て、さらに成長。そして、最終的に大手企業に売り切ることで、とんでもない金額を手にしたわけです。起業家が成功し、大金を手にする典型的なパターンでしょう。

ちなみに、ペイパルの買収によって彼が手にしたお金は約1億7000万ドル（約170億円）。まだ30歳そこそこのイーロン・マスクは、シリコンバレーの風に乗り、まんまと億万長者となったのでした。

「世界をつくり変える」ビジョンをぶち上げる！

しかし、それぐらいの成功ならシリコンバレーではよくある話ですし、ラリー・ペイジがわざわざ「未来を託そう」などと思うはずがありません。

わずか数年で170億円を稼ぎ出したサクセスストーリーが「ほんの些細な序章」と感じられてしまうほど、その後のイーロン・マスクはとてつもない事業へと手を伸ばしていきます。

ペイパル社の次にイーロン・マスクが挑んだのは、なんと「宇宙ロケット事業」でした。

そもそも、大学時代のイーロンは「人類の将来にとって、もっとも大きな影響を与える問題は何だ?」とたびたび考えていました。そして、辿り着いた結論が「インターネット」「再生可能エネルギー」「宇宙開発」の3つだったのです。

火星移住計画を提唱

そんな学生時代の夢を叶えるかのようにイーロンは、2002年に「スペースX」という宇宙ロケット開発会社を起業。そして、この男がぶち上げたのが「人類を火星に移住させる」という驚天動地の目標でした。

人類を火星に移住させる。

これだけ聞けばまるでSF映画のストーリーのように感じますが、イーロン・マスクは本気でした。本気どころか、「ロケットの開発コストを従来の100分の1にする」と公言し、「打ち上げに使用したロケットを何度も再利用する」など宇宙ロケット業界ではあり得ない目標を次々と打ち出します。なるほど、ロケットを再利用できればロケットコストは、大幅に減らせます。そして、人類を火星に移住させることができれば、地球上で起こっている環境破壊、75億人を超え100億人にも届こうかという人口爆発などの問題を根底から解決させることができるかもしれません。

しかし、話が飛びすぎていて、ついていけないと多くの人は思いました。ところが、そんな凡人の心配などどこ吹く風とばかりに、イーロンはロケット再利用の妥当性をこう言ってのけたのです。

「飛行機だってロサンゼルスからニューヨークへ飛行したら、それで機体を壊すわけじゃない。向きを変えてロスに向けて飛ばせばいいんだから、ロケットだって同じことをすればいい」

しかし、こんなにもクレイジーな発想を、誰が本気で信じて、誰が支援してくれるでしょうか。普通に考えれば、ツッコミ所が満載の与太話ともとられます。

そもそもイーロンは宇宙ロケットに関しては完全なる素人でした。ロケット工学を学んだこともなければ、ロケットを打ち上げる知識も、技術も、ノウハウも知りませんでした。そんな人間が簡単に手を出せるほど、宇宙産業は甘くはない。誰もがそう思いました。

これまでイーロンが成功させてきたビジネスは、いわゆるシリコンバレー型です。つまり、資金がなくても、アイデアとプログラミングの技術があれば、自宅のガレージでだって起業できる。それが当たればお金を生んでいくビジネスでした。

しかし、宇宙ロケット産業は根本的に異なります。

開発するのに膨大なお金がかかる上に、苦労の末に運よくロケットを完成させたとしても、打ち上げに失敗すればすべてがゼロになってしまう。リスクが超ド級にでかいビジネスです。

プログラミングのように「バグが出たから修正しよう」という類いのものではないのです。一度ロケット打ち上げに失敗すれば、何百万ドルという「お金の塊」が一瞬にして海の藻屑と消えてしまいます。

だからこそ、国家レベルのプロジェクトでしか成し得ない領域で、はっきり言って、ベンチャー起業家が思い付きで参入できる分野ではない。それが業界の常識でした。

しかし、そんな「つまらない常識」がイーロン・マスクに通用するはずはありません。


地球環境が汚染されていくのなら、火星に移住すればいい。

ロケットだって、飛行機のように何度も同じ機体を使えばいいじゃないか。

私なら、100分の1のコストを実現させてみせる。


そんなシンプルかつ大胆な発想で、未来を見据え、それに向けて世界を変えていく。それがイーロン・マスクという男のやり方です。

イーロンがぶち上げた「未来」が少しずつ「現実」になる

イーロンは、誰もが「無謀だ」と吐き捨てたプランを次々と実現させていきます。

２００２年に「スペースX」を創業した後、わずか6年で宇宙ロケット「ファルコン１」の打ち上げに成功。それだけでなく「ファルコン１」の9倍の推進力を持つ「ファルコン９」、宇宙船「ドラゴン」を次々と開発し、「ドラゴン」に至っては地球軌道周回を成し遂げ、国際宇宙ステーションへのドッキングを民間企業として初めて成功させました。

素人社長率いるベンチャー企業がわずか10年で成し遂げた偉業に世界中が驚嘆しました。しかも、スペースXの「ファルコンロケット」はNASAが作るロケットに比べてコストは約10分の1であったことが後にNASA自身の分析で明らかになりました。そして、イーロンが掲げる「ロケットのコストを１００分の１にする」を達成するためには、ロケット再利用が欠かせません。すると、２０１５年には、打ち上げたファルコン９の１段目ロケットを無事に着陸させることに成功し、全米が沸き立ちました。NASAでさえできなかった快挙でした。

さらに２０１７年の6月には3日で2回の打ち上げを行い、並行して1段目ロケットの再利用とその着陸・回収を実現させて、開発ペースを加速させています。

ファルコン9の1段目がドローン船に着陸成功

出典：スペースX社 http://www.spacex.com/sites/spacex/files/styles/new_gallery_large/public/2016_-_06_crs8_landed2.jpg?itok=w4ndFkxW

イーロン・マスクは物理学的思考でロケットを分析し、その結果「ロケットを量産する」ことでコストを格段に下げるという前代未聞の結論に達しました。それはNASAでさえ考えつかない「コロンブスの卵」的発想でした。

スペースXはNASAの技術協力を得ながらも、NASAの物真似はしません。ロケット本体もエンジンも宇宙船もすべてスペースXが独自に設計し製造しているのです。

それは、ロッキード・マーチン社やボーイング社など宇宙ロケット企業のライバルたちが外注に頼ってロケットの組み立てを行っているのとは真逆の発想でした。異端の企業スペースXのサイトにはこんな挑戦的なメッセージが躍っていました。

「スペースXは、人々が不可能だと思う任務を成し遂げる会社だ。我々の目指すゴールはムチャクチャに野心的だが、私たちはそれを実現する」と。

イーロンは「毎月ロケットを打ち上げる」と公言しています。家電製品やテレビを作るようにロケットを量産する。それはまさに、ロスから飛んできた飛行機がニューヨークに着陸し、再びロスに向けて飛び立つ姿と完全にダブってきます。文字通り、イーロンの描く未来が一つ現実になるのです。

新車なら「電気自動車」という時代がやってくる

話を宇宙から地球にガラリと変えましょう。なぜなら、イーロンが活躍するフィールドは何も宇宙だけではないからです。多少なりともイーロン・マスクを知っている人にとっては、むしろ「テスラモーターズのCEO」としての顔の方に馴染みがあるかもしれません。

イーロン・マスクは2004年に電気自動車会社「テスラモーターズ」の起ち上げに参画し、会長に就任し、現在はCEOも兼務しています。

宇宙ロケットと電気自動車。

一見すると、まったく関係ない事業を始めたように感じるかもしれませんが、決してそうではありません。イーロンに言わせれば「人類が火星に移住するロケットを作り上げるにはもう少し時間がかかる。それまでに地球環境の破壊が進んでしまうので、排気ガスをまき散らすガソリン車に代わり、世界中に電気自動車（ＥＶ）を走らせよう」というわけです。

理屈はわかります。

しかし、そんな巨大な事業を同時に二つも起ち上げるなんて、並の経営者の考えることではありません。しかも、「細々と電気自動車を製造し、少しずつシェアを伸ばしていこう」なんてショボイ発想はイーロンにはありませんでした。

世界で最も売れている自動車を電気自動車にする

イーロンは「電気自動車の年間販売台数を、世界中で1億台にする」と発言したのです。この数字は「世界中で一年間に販売される自動車の台数」そのものです。つまり、イーロンは「新たに車を購入する人は、すべて電気自動車になる」という未来を実現させようとしているのです。

たしかに、少し前から自動車業界では、いわゆるガソリン車から排気ガスをまき散らさない車（電気自動車や水素燃料電池車）への移行が緩やかに始まっています。しかし、イーロン・マスクほど「本気でガソリン車をなくそう」と考え、実施している自動車メーカーはテスラ創業期の2004年頃にはありませんでした。現実的には「時代の流れは意識するけど、本丸のガソリン車ビジネスは絶対守るぞ」というのが既存自動車メーカーの本音だったのです。

ところが、イーロン・マスクは違いました。彼が目線の先に見据えているのは「自らのビジネスの成功」なんてものではなく、「世界の未来」であり「実現させたい理想」だからです。

イーロン・マスクが凄まじいのは「電気自動車の販売台数を1億台にする」と言うときに、「テスラ車の販売台数を……」とは言わなかったところです。

彼は何も、テスラで金儲けをしたいわけでもなく、テスラの株価を上げたいわけでもありません。「新しい世界」「世の中の未来」を思い描き、創造しようとしているのです。未来の街を走り回っている車が電気自動車であれば、それがテスラだろうが、他社製だろうが構わないのです。

マイクロソフト社の創業者ビル・ゲイツと比較するとその姿勢は対照的です。ゲイツは「世界のすべてのPCに、マイクロソフトのソフトウェアを搭載すること」を目標にし、市場の独占を図りました。ライバル企業は徹底的に撃退して帝国を築き、ゲイツは世界一の大金持ちになったのです。インターネットブラウザーを世界で初めて作り出したネットスケープ社に対しては、マイクロソフトはＯＳを牛耳っているという独占的な立場を利用して、これを叩き潰したことはＰＣ関係者の間では有名な事件です。

こうしたビル・ゲイツの強欲とも思える姿勢は彼だけでなく、程度の差こそあれ20世紀の経営者にとって、共通であり常識でした。

だからこそ、イーロン・マスクはこれまでにない、極めて特異で興味深いビジネスリーダーと言えます。

事実テスラは、自社で開発した虎の子の電気自動車の重要特許でさえ、一般に無償で公開し、誰もが使えるようにしてＥＶの普及を加速しようとしています。

ポルシェより速いＥＶを作れ！

電気自動車がいかに地球に優しかったとしても、長距離ドライブが可能で、スピードが出るといった車としての性能が根本的に劣っていたら、ユーザーは見向きもしません。

もちろん、イーロンはそこにも徹底的にこだわっていて、テスラが開発した第一号であるＥＶスポーツカー「ロードスター」の最高速度は時速２１０㎞。とりわけ、スタートダッシュの素晴らしさはファンを熱狂させました。

すると「ロードスターとポルシェはどちらが速いのか」という話題が沸騰。自動車メディアの「ＳＰＥＥＤ」がこの対決動画をネットに公開したほどでした。

結果は、０～４００ｍでの対決でテスラが圧勝。アクセルを踏み込んだ瞬間から、ポルシェを置き去りにし、ロードスターは走行性能の素晴らしさをみせつけました。

また、電気自動車最大の弱点といわれる「走行距離」についても、ロードスターは一度の充電で走行できる距離が３９４㎞。東京から名古屋までが約３６０㎞ですから、充電なしで走破できる距離としては十分です。イーロン・マスクとテスラの優秀なエンジニアたちは、走行距離の面でもガソリン車に引けを取らないレベルを実現させたのです。

しかし、それだけで彼が描く未来が実現できるわけではありません。

ロードスターの販売価格は、じつに10万ドル（約１０００万円）。とても一般大衆が手にできる代物ではありませんでした。

イーロン自身もそれはわかっていて「我々のＥＶはエコカーではなく、プレミアカーだ」

ロードスター

出典：fogcat5 - http://flickr.com/photos/fogcat5/255000227/

と言ってロードスターを送り出しました。それでも、一部の金持ちにしか手が届かないのであれば「電気自動車、年間1億台」なんて未来は絶対に訪れません。

高性能の電気自動車をいかに安く、大量に作るか。

テスラはロードスターの次に高級EVセダン「モデルS」などを登場させながらも、ずっとその難題に挑み続けてきました。

そして、ついに2017年7月、テスラ初にして待望の大衆車「モデル3」（3万5000ドル・約350万円）が完成しました。真の大衆車と言うには、まだ少し高価な気もしますが、それでも一般の人に手が届くところまできていることは事実です。「モデル3」の期待の高さはその事前の予約台数に現れています。予約台数は50万台を超え関係者を驚かせただけでなく、1台あたり1000ドルの予約金の合計は約5億ドル(約500億円)に達し、売上高は175億ドル(約1兆7500億円)にもなるスケールです。それだけの人が「テスラに乗りたい」と思っているわけです。

BMWもメルセデスも凌駕するテスラの大衆向けEV車「モデル3」の人気は極めて高いのですが、問題は、50万台も大量生産できるかです。なぜならテスラはこれまで年間で10万台も作ったことはありません。

本当の大量生産を経験するテスラの真価が問われるのは、これからです。

イーロンの前に立ちはだかる「強力な敵」

イーロンが描く未来の実現には、ほかにもさまざまなハードル(それもとてつもなく高いハードル)がいくつもそびえ立っています。

「モデル3」が完成し、イーロンが打ち出した強気の予測通りの量産が可能だったとしても、それですぐに「EVの時代」にガラガラポンと置き換わるかと言うとそうでもありません。

イーロンが革新的なビジネスを展開すればするほど、強力な抵抗勢力が現れ、その相手ともことあるごとに戦っていかなければならないからです。当然のことながら、イーロンの存在を苦々しく思っている人も大勢いるのです。

その巨大な敵とは、たとえばGMなど全米の自動車業界であり、それによりかかる全米ディーラー協会。その背後には石油利権に群がる企業や政治家など「石油族」が控えており、まさに「権力の中枢」とも呼ぶべき相手と対峙していかなければなりません。

「安くて、いいもの」を作れば、それで万事うまくいくほど、世の中はシンプルでも、甘くもないのです。

たとえば、これが「スマートフォンを作る」とか、「新しいSNSを開発する」といった、『シリコンバレー型ビジネス』なら、比較的簡単にいくかもしれません。

なぜなら、それらは新しいマーケットを形成するため、抵抗勢力も少ないからです。実際、ザッカーバーグがフェイスブックを10億人に広めるのに、それほど大きな抵抗勢力は存在しなかったでしょう。

しかし、イーロンがやっているビジネス領域は違います。

「スペースX」の航空宇宙産業にしろ、「テスラ」の自動車産業にしろ、既得権益でガチガチに守られた牙城にこの男は殴り込みをかけているのです。その抵抗たるや、半端ではありません。金と、人脈と、政治力をすべて持ち合わせた「悪の権化」みたいな巨大企業や政治家連中がウヨウヨいて、ドロドロとした巣窟の中でも戦わなければならないのです。

つまり、イーロンは、

まったく新しいテクノロジーを開発しつつ、
自らのビジネスを成功させ、
同時に巨大な既得権者とも戦っていく。

こんな「とんでもないミッション」を、想像を絶するスケールとクオリティとスピードで同時進行させなければならないのです。

しかし、それこそが「世界を変える」「未来を作る」という仕事であり、イーロン・マスクという男の一挙手一投足に多くの人が注目し、ワクワクし、痛快ささえ感じるのでしょう。

イーロン・マスクは「現代のコロンブス」

イーロン・マスクにとって金儲けは目的ではなく、手段です。もちろん、テスラもスペースXも、お金がなければ経営できません。車にガソリンが必要なように、企業にはお金が必要ですが、それはあくまで手段なのです。人は空気と水がなければ生きていけませんが、だからといって人は、空気や水のために生きているのではありません。

イーロンにとってのお金は、会社を経営し、新しい技術を生み出していくための燃料であり、新しい未来を切り開くために必要な手段なのです。

さて、ここまで、イーロン・マスクの宇宙産業と、自動車産業について語ってきましたが、そのほかにも、太陽光での「発電事業」、その発電した電気を効果的にためる「蓄電事業」、まったく新しい交通システム「ハイパーループ」、人間の脳とコンピュータを融合させる「ニューラリンク」など、世界を驚かせる巨大なプランを次々と打ち出し、着実に進行させています。

何度も言いますが、彼は「宇宙ビジネスでカネを稼ごう」とか「電気自動車で儲けよう」なんてレベルで考えているのではありません。

イーロンは、自ら新しい世界を切り開き、輝く未来を創造するという、ある種の使命感に突き動かされているようです。

今、世界中を見渡して、これほど未来を託したくなるリーダーがいるでしょうか。イーロンのことを知れば知るほど、数兆円もの自分の財産を「あげてもいいと言った」ラリー・ペイジの気持ちがわかります。

イーロン・マスクは現代のコロンブスだと私は捉えています。

約500年前、コロンブスがヨーロッパから西に向けて船を漕ぎだしたとき、「この先にインドがある」という言葉をいったい誰が信じ、まして、そこに新大陸があるなんて、誰が想像したでしょうか。

しかし、実際には新大陸が発見され、多くの人々が移住し、新しい文化と経済を生み、豊かな国家を築きました。
99.999％の人が信じなくても、たった一人の開拓者が信じた未来が現実になるということが、本当にあるのです。誰もが「バカバカしい！」「あり得ない！」と切り捨てる荒唐無稽な発想でも、それを実現させ、本当に未来を切り開く人物はいるのです。
イーロン・マスクの描く未来がどこまで実現するのか。そんなことは誰にもわかりません。

しかし、彼なら、本当に実現させてくれるかもしれない。

そんな期待を抱かずにはいられないのです。

イーロンに学ぶ「常識を破壊する力」

本書では、イーロン・マスクの「破壊的実行力」を生み出す14のルールを抽出して、彼の型破りな戦いでの輝ける成功と、目を覆いたくなる失敗を紹介しつつ、イーロンの考え方や行動を紐解いていきたいと思っています。

ともすれば現状に安住しようとする私たちが、世界をつくり変え、未来を創造しようと奮闘するイーロン・マスクから学ぶ点は数多くあるはずです。

そして、たとえイーロンと同じことはできなくても、あなたのすぐ横には「第二のイーロン・マスク」がいるかもしれません。世間の逆風を真正面に受けながら、常識を打ち破り、独創的なアイデアと行動力で世界を変える逸材が潜んでいるかもしれません。

ならば、そんな人のことを認め、応援してあげるのもいいでしょう。

本文ではイーロン・マスクのみならず、スティーブ・ジョブズやラリー・ペイジ、ゼロックス成功の立役者であるチェスター・カールソンの話も登場させますし、松下幸之助、盛田昭夫など日本をリードしてきた伝説のリーダーたちのエピソードも交えながら語っていきたいと思っています。

彼らもまた、紛れもなく「世界をつくり変え、未来を創造した人物たち」だからです。


未来の創造者たちから、私たちは何を学ぶべきなのか。

そんなことを考えながら、ぜひ楽しんで読んでください。

宇宙開発

「人類を火星に移住させる」

スペースX社

- ロケットコストを1/100にする

- ロケットを量産する
- ロケット再利用

HISTORY
- ファルコン9ロケット
- 宇宙船ドラゴン
- 1段目ロケットの着陸成功

電気自動車

「ガソリン車に代わりEVを普及させる」

テスラ社

写真：RichMacf

- カッコよく高性能なEV

- ノートPCのバッテリーで走るEV

HISTORY
- ロードスター
- モデルS
- モデル3

- EV大量生産のための世界最大のリチウム電池工場
  - ギガファクトリー

エネルギー

「サステイナブルな社会の実現」

ソーラーシティー社

- 太陽光発電から蓄電まで統合
  - 屋根一体型太陽光パネル
    - ソーラールーフ
  - 高性能蓄電池
    - パワーパック
  - 充電ステーション網
    - スーパーチャージャー・ステーション

その他

- 音速での新交通システム
  - ハイパーループ

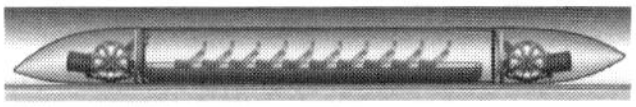

- 時速200kmの地下高速道路

ボーリング・カンパニー

- AIに対抗する脳科学

ニューラリンク社

イーロン・マスクのビジネスドメイン

イーロン・マスク　年表

西暦年	年齢	イーロン・マスクの足跡
1971		南アフリカ共和国の首都プレトリアで、三人兄弟の長男として生まれる
1988	17歳	南アフリカの家を出てカナダに渡る
1990	19歳	カナダのクイーンズ大学に進学
1992	21歳	米国ペンシルベニア大へ編入。経営学と物理学を学ぶ
1995	24歳	スタンフォード大大学院に入学。 **だが、2日で退学し、Zip2社を弟のキンバル・マスクと共同で創業**
1999	28歳	Zip2社をコンパック社に約3億ドルで売却し、Xドットコム社を創業。後にペイパルに
2000	29歳	クイーンズ大で知り合ったジャスティン・ウィルソンと結婚
2002	31歳	ペイパルをイーベイに15億ドルで売却。これによりイーロンは1億7000万ドルを手にする **宇宙ロケットベンチャー「スペースX社」を設立、CEOに就任**
2004	33歳	**電気自動車ベンチャー「テスラモーターズ社」に出資し、会長就任**
2006	35歳	**太陽光発電ベンチャー「ソーラーシティ社」に出資し、会長就任** スペースX社のロケット「ファルコン1」1号機が打ち上げ失敗
2007	36歳	テスラ社のCEOエバーハードが退任。後継CEO探しで迷走

2008 37歳
テスラ社が高級スポーツカー「ロードスター」を発売開始
ファルコン1が4度目の打ち上げで成功。民間ロケット初の地球軌道を飛行
危機のテスラ社のCEOに就任。妻・ジャスティンと離婚

2010 39歳
テスラ社が株式上場（1956年のフォード以来）。女優タルラ・ライリーと再婚
宇宙船ドラゴンが地球を周回後、無事帰還に成功。民間初の快挙

2012 41歳
宇宙船ドラゴンが国際宇宙ステーションとのドッキングに成功。民間企業初
タルラと離婚騒動
テスラ社がセダン「モデルS」を発売

2013 42歳
高速充電「スーパー・チャージャー・ステーション」の全米展開を開始
時速1200kmの高速輸送計画「ハイパーループ」を発表
スペースXのファルコン9の1段目ロケットが洋上着水に挑戦するも失敗

2014 43歳
次期有人宇宙船「ドラゴンV2」を発表

2015 44歳
家庭用蓄電池「パワーウォール」発売
テスラ初のSUV「モデルX」を発売
ファルコン9の1段目ロケットが陸上着陸に成功、史上初

2016 45歳
テスラ社がソーラーシティ社を経営統合
脳神経科学開発企業「ニューラリンク」設立
地下高速道路開発企業「ボーリング・カンパニー」設立

2017 46歳
世界最大のリチウムイオン電池工場「ギガファクトリー」稼働開始
ファルコン9で一度使った機体を再利用しての打ち上げに成功
宇宙船ドラゴンの再利用に成功、史上初
テスラの大衆車「モデル3」発売

目次　『イーロン・マスク　世界をつくり変える男』

プロローグ　イーロン・マスクとは何者なのか？

Rule 04

ギブン・コンディションを超える

――「ワク」を取っ払う図太さ

Rule 05

ひとつの成功なんかで満足しない

――21世紀を切り拓く起業家の正体

Rule 08

すべてを、ハイスピードで実行する
——頭脳とフットワークの両輪を回す

Rule 09

相手が強敵でも、怯まず戦う
——攻撃は合理的かつ客観的に

Rule 14

株主の言うことなんか聞くな！
——ぶれない信念が壁を壊す

Rule 01

理想を掲げた現実主義者になる

――ビジョンに実行力を近づける

誰もがワクワクする未来を描く

イーロン・マスクがどんな人物なのかを考えるとき、やはり最初に思い浮かぶのは「とんでもなくでかい理想をぶち上げて、それを実現させてしまう人物」というところでしょう。

今、国や企業を牽引するリーダーたちを思い浮かべてみると、その多くが「ありふれた現実主義者」に甘んじているように感じます。

たとえば、自動車業界には電気自動車、水素電池車の波が確実に押し寄せていて、自動運転に向けた研究・開発も活発に進められています。それだけ大きな転換期を迎えているということです。

ところが、自動車メーカーの経営者、経営幹部たちから「私たちはこんな未来を創造します！」「こんな世界を実現するので期待してください！」という話はなかなか聞けません。彼らが繰り返し語るのは「時代の変化が訪れている」という事実認識と、自分たちの「危機感」だけです。

しかし、リーダーにはもっと「未来」とか、「理想」を語って欲しいと願わずにはいられません。未来や理想という言葉が大げさなら、「こんな凄い商品ができたら、おもしろいでしょ」「こんなサービスで世界を驚かすよ！」というワクワク感を示して欲しいのです。

それが、21世紀型の「世界をつくり変え、未来を創造するリーダー」だと感じるからです。

たとえば、スティーブ・ジョブズが「世界の未来」のことをどれだけ真剣に考え、崇高な理想を掲げていたのかと問われれば、(失礼ながら) そうでもなかったかもしれません。

しかし、彼には「こんな商品があったら、凄いだろ」「こんなビジネスモデルで、みんなをびっくりさせるよ」という無邪気で、真っ直ぐな思いが溢れていました。それがジョブズの魅力であり、圧倒的なまでに人々を惹きつけた理由でもあります。

かつてのソニーだってそうです。「音楽は家で聴くもの」というのが常識だった世の中に「音楽を持って街に出よう！」「音楽を携帯しよう！」という未来像を提案することで、ウォークマンは爆発的にヒットしました。

そんなワクワクする未来、理想を描くのは、今のリーダーに求められる重要な要素の一つだと私は感じます。それを絶え間なく、そして本当にやってしまうのがイーロン・マスクなのです。

近未来感に溢れた「新交通システム」

宇宙ロケットや電気自動車の話はプロローグで語ったので、ここではそのほかの事業に触れてみたいと思います。

2013年、イーロン・マスクは「ハイパーループ」という新しい交通システムの構想を発表しました。ハイパーループとは、減圧されたチューブの中に浮遊するカプセルを入れ、そのカプセルに20〜30人ほどの人が乗り込み、高速で移動する新交通システムです。

想像するだけで、笑ってしまうくらい『近未来感』に溢れています。

これにより理論上は最高時速1200km、つまり、リニア新幹線よりも飛行機よりも速い、音速での移動を実現することができるのです。ハイパーループの話の始まりは、サンフランシスコとロサンゼルスを結ぶ「カリフォルニア高速鉄道」の計画（総工費約700億ドル）

が浮上した時に、イーロンが「建設コストが高過ぎ、しかも、速度は遅くてダメだ」と失望したことからでした。そこで、自身が経営するスペースX社とテスラモーターズ社の従業員からアイデアを募ってこの構想は動き出したのです。

イーロンの提案をうけて、ハイパーループ・トランスポーテーション・テクノロジーズ社など複数の企業が登場して、試作実験を進め実用化を目指しています。

高速移動手段についてイーロンは、地下トンネル構想までぶち上げました。

ロサンゼルスの交通渋滞は想像を絶する酷さで、多くの人々が悲鳴を上げていて、その中のひとりがイーロンだったのです。ビバリーヒルズ近くの高級住宅街の自宅からホーソンにあるスペースXまで行くのに、いつも渋滞に悩まされ腹を立てていた彼は「渋滞により奪われる時間でどれだけのことができるか。この問題は、早急に解決する必要がある」と思い立ち、道路の下にトンネルを掘って、そこに車を走らせる、というこれまた突飛な構想を打ち出したのです。

2016年末に「ボーリング・カンパニー」という名の会社を起ち上げ、2017年2月にはスペースXの駐車場で試験的な掘削を始め、7月にはテスト運用部分を完成させました。

この地下トンネルでは、クルマは自ら走るのではなく、〝台車〟に乗って、時速約200kmの速度で移動します。ロサンゼルスのウエストウッド地区からロサンゼルス国際空港までの

16㎞をわずか5分で移動できるとしています。今は高速道路の渋滞がひどく、30分から1時間はかかっているから大きな効果が期待できます。

地下トンネル構想にはロサンゼルス市議会が賛同し、シカゴの世界最大級のハブ空港オヘア空港とシカゴ市内を結ぶ計画に役立つとしてシカゴ市も前向きな姿勢を見せています。

しかしこのトンネル構想は、地下にトンネルを1本だけ掘るのではなく、40層ものトンネルを掘ると聞かされると、みんなあ然とするでしょう。でもイーロンは大真面目。「従来の3倍のスピードでトンネル掘削ができる新技術を開発する」とまで公言しています。

もちろん、問題は山ほどあります。ロサンゼルスは地震が多い。耐震性はどうか。法律上の問題も立ちはだかります。「バカバカしい話だ」と切って捨てる専門家も少なくありません。

しかし、世界をつくり変え、未来を創造する者にとって、そんな批判や障害が立ちふさがるのは当たり前。イーロンは平然と受け流し、前に進むのです。

これが「理想を掲げた現実主義者」の姿であり、21世紀型リーダーの仕事ではないでしょうか。

「現実の一歩」を示すからこそ人々の期待感が高まる！

世界を牽引するリーダーにとって理想を語ることはもちろん大切です。

ただし、それを実現するだけの実行力も同時に備えていなければなりません。

スタジオジブリの宮崎駿監督はこんなことを言っています。


理想を失わない現実主義者になれ！

理想のない現実主義者なら、いくらでもいる。


イーロン・マスクは、理想を失わない現実主義者です。

奇想天外な理想をぶち上げる一方で、実際の現場では、気の遠くなるほど複雑な研究を続けたり、嫌になるような根気強い交渉をしたり、爪に火を灯すような努力をすることで新技術を生み、開発コストを下げていきます。イーロン自身、大学時代は物理学を研究していましたから、研究・開発の現場にもガンガン入って、口を出しまくります。

そうした果てしない努力の先に「実現に向けた第一歩」は存在しているのです。

そして、世間の人々はイーロン・マスクが示す「実現への第一歩」「第二歩」「第三歩」を見るにつれ、「もしかして、本当に実現させてしまうのではないか……」と徐々に期待を膨らまし、彼に夢を託すようになるのです。

ハイパーループ構想では、今や彼のツイッターには「ウチの街にも建設して欲しい」「私のところには来ないんですか？」という声が世界中から集まっています。「テキサスにもハイパーループは来ますか？」「イギリスで建設中の高速鉄道網をハイパーループに入れ替える可能性はありませんか？」など、「理想を掲げた現実主義者」の活躍を求める声は後を絶ちません。

ちなみに、イーロンはそうした人たちに対し「計画の実現を望む人は、どうか地元の議員に知らせてください。あなたたちから聞かされることで、大きな変化が起こるでしょう」とツイートしています。

もし本当に彼らが声を上げ、その人数が増えていけば、それは一つのムーブメントになり、新たな流れを作り出していきます。

そうやって、本当に未来は変わっていくのです。

あなたは、イーロン・マスクが描く「荒唐無稽な未来」について、「バカげている」「無理に決まっている」と笑うでしょうか。それとも、「もしかしたら、実現するかもしれない」

と信じて、あなた自身も何かしらの行動を起こそうとするでしょうか。

私を含め多くの人がイーロン・マスクにはなれないかもしれません。しかし、彼のような「世界をつくり変え、未来を創造するリーダー」が示す未来に希望を託し、そんな「創造者」を応援することで、未来を変えるチャンスは広がると私は信じています。

世界は「イーロン・マスクの描く未来」に近づいている

世界は時として急速に舵を切ることがあります。2016年にドイツ連邦参議院では「2030年までに内燃エンジンを搭載した新車の販売禁止を求める決議」が可決されました。これにより、2030年以降、新車を買おうと思ったら、いわゆる「ZEV」（ゼロ・エミッション・ビークル、排気ガスを出さない車）しか購入できなくなります。

また、ドイツはこの禁止案をEC（欧州委員会）にも実施するよう求めていて、ドイツの影響力を考えれば、その方向へ進んでいく可能性は高いでしょう。

さらに、イギリスとフランスは2040年以降、ガソリン、ディーゼル車の新車販売を禁止すると打ち出しました。それ以外にも、ノルウェー、スウェーデン、オランダなどがガソリン、ディーゼル車の販売禁止を2025年から2030年には実施することを発表しています。

そしてもう一つ、「ZEV規制」というのをご存じでしょうか。

単純に言うと、「自動車を販売する際、一定割合はZEVにしないと罰金を取りますよ」という制度です。米国カリフォルニア州大気資源局（CARB）が行っているもので、2017年現在、自動車の総販売台数に対して14％のZEV販売が義務づけられています。「自動車を100台売るなら、そのうち14台はZEVでなければならない」ということです。

この制度のおもしろいところは、もし14％を上回ったら、クレジットという形で「貯金手形」のように貯めることができ、そのクレジットを「14％を下回ったメーカー」に売ることができます。

テスラはすべてが電気自動車なので、クレジットを他社に販売する立場です。テスラがZEVクレジットで得る販売益は、ある時は年間2億ドルに達したとも言われています。

とはいえ、イーロン・マスクはこんなクレジットでセコく儲けようと思っているわけではありません。むしろ「この制度のせいで、多くの自動車メーカーが本気で電気自動車開発に乗り出さなくても済んでしまっている」とコメントし危惧していました。

私がここで取り上げたいのは、「ZEV規制」の存在そのものではなく、「ZEV規制」が今後、どのように変化していくかです。

じつは2018年から「ZEV規制」はさらに厳しくなります。

2017年まで「ZEV対象」として、次の6種類が認められていました。

①EV（電気自動車）
②FCV（燃料電池車）
③PHV・PHEV（プラグインで充電するシステムを搭載したハイブリッド車）
④ハイブリッド車
⑤天然ガス車
⑥低排出ガス車

すなわち、この6種の販売が「全体の販売台数に対して14%」に達していれば罰金はなく、14%を超えていればクレジットが貯まったわけです。

しかし2018年から、ZEV対象車は次の3つのみになります。

①ＥＶ（電気自動車）
②ＦＣＶ（燃料電池車）
③ＰＨＶ・ＰＨＥＶ（プラグインで充電するシステムを搭載したハイブリッド車）

２０１８年からは「ハイブリッド車」と「天然ガス車」「低排出ガス車」は環境に配慮する車とは認めず、「電気自動車」か「燃料電池車」か「プラグを差して充電する車」しか、ＺＥＶ対象になりません。

カリフォルニア州のＺＥＶ規制は世界をリードするもので、歴史を見れば米国の他の州、そして、ヨーロッパなどがこれにならっています。

ドイツやフランスの例を見てもわかる通り、あきらかに時代が一つの方向へと動き出していることは間違いありません。とりわけ欧州においては、プラグイン・ハイブリッドはつなぎでしかなく、ＥＶへのシフトが鮮明になっていくでしょう。

もちろん、これらの動きのすべてがイーロン・マスクの影響だとは言いませんが、イーロンやテスラが与えたインパクトが、時代の歩みを後押ししているのは事実です。そういえば、テスラがロードスターを出した２００８年当時、世界の大手自動車メーカーは冷ややかな目でイーロンたちの闘いを眺めていただけでした。重い腰を上げない大手自動車メーカーに対しイーロンは「テスラ社の役割は、暗闇の中を照らす光のようなものなんだ。その結果、電気自動車の導入が5年から10年早くなってくれる」と発言していたことを思い起こします。

まずは壮大な夢や理想を語る。
そして、それを実現するための努力を惜しまず、本当に「現実への一歩」を踏み出す。

テスラの放つ光は間違いなく業界の核心を射抜き、大手自動車メーカーのEVシフトが本格化しようとしています。「電気自動車の販売台数が年間1億台」というイーロン・マスクが掲げた壮大な未来は、もしかしたらと期待が膨らみます。

一方で、火星移住という目標を掲げるスペースXは、コストという現実と対峙しています。そもそも、ロケットの総コストの約4分の3は1段目ロケットが占めています。だからこそ、1段目ロケットを再利用できれば、劇的にコストを下げることができる。そう頭で考えてはいても実際に挑戦した宇宙ロケット企業はありませんでした。

それくらい1段目のロケットを再利用するのは難しく、技術的に100％不可能だと思われてきました。だからこそ、ロケットを一度も打ち上げてもいないベンチャー企業がいきなり1段目ロケットの再利用に挑むのは、非常識極まりないどころか、バカバカしい話と捉えられていたのです。

まともな会社経営者なら、まず、使い捨てのロケットでいいから、打ち上げに成功することを第1目標にするでしょう。そして、打ち上げが何度か成功したら、やっと1段目ロケットの再利用に挑むのがビジネススクールで教える定石です。

ところがイーロンはそうしませんでした。目標はあくまでもロケットの再利用。スペースXの技術者たちには、最初から「再利用可能なロケットを作れ」と檄を飛ばしたのです。

スペースXの最初のロケット「ファルコン1」は、打ち上げに3度も失敗。その間、資金はどんどん減っていったのですが、ロケット再利用という看板を下ろすことは決してしませんでした。

スペースXのあるエンジニアは「もしイーロンが、1段目を再利用するという考えを捨てていたら、ファルコン1は2年は早く打ちあがっただろう」と振り返っています。ファルコン1に使った自社設計のマーリン・エンジンは、再利用しないで、使い捨てロケット用としてなら、過剰すぎる性能と品質だったといえます。

しかし、高い目標を掲げてファルコン1を作り上げたおかげで、その後、ファルコン1の9倍の推進力を持つファルコン9は、1段目ロケットの再利用という偉業を短期間で成し遂げることができたのです。

理想を諦めることなく、着実にステップアップしていくスペースXの人材募集のページには、こんな強烈なメッセージが掲げてありました。

「不可能を恐れることなく、厳しいスケジュール下で、とほうもなく挑戦的なプロジェクトに携わりたい人」

日本でこんな人材募集をしたら、みんな尻込みするかもしれませんね。しかし、理想を掲げた現実主義者のまわりには、野心的で、怖いもの知らずの超優秀な連中が集まってきます。もしもイーロンが、どこにでもあるようなありふれて陳腐な理想しか掲げていなかったら、部下達が死に物狂いで仕事に挑むなんて、けっしてしないでしょう。とんでもなく高い理想があるからこそ、部下達は脳みそから汗が出るほど知恵を絞り、常識の壁に対し狂ったように挑戦できるのです。

そして、一歩ずつでも確実に実現させていく。

この「理想と現実」という両輪がしっかりと回ることで、まわりの人々がパワーを増して結集し、やがては、立ちはだかる大きな山をも動かすことができるのです。

Rule

02

社会全体を見ろ、世界の未来を担え！

――スケール感を2段階アップして考える

地球規模のスケール感で考える

あなたはたとえ信じられなくても、イーロン・マスクの思想の真ん中にあるのは「人類と地球を救う」という壮大かつシンプルな思いです。

そのために「人類を火星に移住させよう」と考えますし、その達成までには時間がかかるので、地球環境の悪化速度を遅らせるために電気自動車を開発・製造しています。

しかし、肝心の電力を化石燃料に頼っていては、それ自体が地球環境を汚染し続けるので、ソーラーシティ社を起ち上げ、太陽光で発電するモデルまで作り上げました。

急速な進化を続けているＡＩについてもイーロンは警鐘を鳴らしており、ＡＩがもたらす潜在的な危険は「核兵器より大きい」と発言。ＡＩがロボット兵器に使われることを懸念した公開書簡まで発表し、国連に対して「こうした兵器の禁止措置」を講じるよう強く求めています。「ロボットが通りを歩いて人間を殺戮するのを実際に目にするまで、人々はどのように反応すればいいのか分からない。こうした脅威に対して現実感が非常に希薄であるように思える」と彼は危機感をあらわにしました。

その一方で、ＡＩに対抗するためには「人類の能力を飛躍的に向上させる必要がある」と訴えて、その発露としてニューラリンク社を設立。ニューラリンク社は、脳マシンインターフェースの開発を行う会社で２０１６年にイーロンが創業しました。人間の脳に微小な電極デバイスを埋め込んで、直接、コンピュータと情報をやり取りする革命的な技術の研究を手掛けます。これも突拍子もないアイデアのように世間は受けとめました。しかし、イーロンはこの技術を「ニューラル・レース（神経のヒモ）」と呼んで、デバイスの埋め込みを「眼のレーシック手術ぐらいに手軽で安価なものにしたい」と大胆極まりない抱負を語っています。

彼は「われわれの出力（アウトプット）水準は極めて低い。特にスマホなどでは親指２本でタップするだけだ。これはバカバカしいほど遅い。それとは対照的に、われわれの入力（インプット）水準ははるかに高い。高帯域のビジュアル（視角）インターフェースを脳内に取り入れているためだ。われわれの目は大量のデータを取り込んでいる」と独特の説明をしています。

ニューラリンク社には、スタンフォード大やＩＢＭでニューロチップを研究してきたポール・メロラをはじめ、ローレンス国立研究所のナノテク研究の主任研究員ヴェネッサ・トロサなど有力な研究者が集結しています。そして、イーロンはいきなり約２７００万ドル（約27億円）の資金を調達し世間の注目度をグッと高め、本気度を見せつけたのです。

ニューラリンク社の技術は当初は難治性の脳疾患の治療を目指すようですが、いずれは、人間がＡＩの脅威に対抗するために役立てたいと考えています。

こうしてみると、イーロン・マスクは「人類が直面する大問題」を次々と見つけ、それを解決するために常識破りの行動を縦横無尽に展開しているのです。

その根っこの部分はまったくブレていません。文字通り「人類と地球を救う」ことです。


イーロンの活動は、「社会貢献」と言ってしまえば、たしかにそうです。

しかし、自らのビジネス以上に「地球」や「人類」のことを考え、あくまでもその手段としてビジネスをやっていながら、誰もが不可能だと思うことを次々と実現させていくスケール感には魅了されてしまいます。「金儲けがうまいだけの経営者はもう見飽きた」という多くの人々を、惹きつけずにはいられません。そんなビジネスリーダーが他にいるでしょうか。

たとえば、スティーブ・ジョブズにとって大事なのはやはり「アップル社」であり、ビル・ゲイツにとっては「マイクロソフト社」でした。それはグーグルのラリー・ペイジも、アマゾンのジェフ・ベゾスも同じです。

しかし、イーロンにとって大事なのは「スペースX社」でも「テスラ社」でも「ソーラーシティ社」でもないようです。イーロンは、「EVが普及するなら、テスラが潰れてもかまわない」とまで言っているのですから。

「再生可能エネルギーを使うように」と電力会社に要求する

イーロンほどではないにせよ、アップルにしても、グーグルにしても、地球的視点からの環境問題に非常に力を入れていることをお話ししましょう。

たとえば、彼らは自分たちの会社で使用する電力について「再生可能なエネルギーを使うように電力会社へ要求する」ということを当たり前のようにやっています。電力会社から電力を購入する際、「クリーンな再生可能エネルギーでなければ買わないよ」というスタンスを明確に打ち出し、電力会社にプレッシャーをかけてきました。

事実、アップルは世界に多くのデータセンターを持っていますが、既にそこに供給される電力の96％は再生可能エネルギーで賄われています。それはグーグルでも同じ状況で、しかも目指すは、再生可能エネルギー100％です。

さらに、iPhoneの生産は台湾の鴻海《ホンハイ》精密工業が請け負っていますが、その中国工場には大量の太陽光パネルをアップルの費用で設置し、「工場で使うのは再生可能エネルギーにすること」を推し進めています。アップルは自社工場だけでなく、下請けにまで地球環境に優しい再生可能エネルギーを使用するよう指導し、そのためのコストも負担しているのです。

彼らに言わせれば「それがこれからの世界の常識だから」です。

地球規模の視点を持てば、企業として果たすべき責任は明らかです。必要とあらば、電力会社や政府であろうと働きかける。21世紀型の経営には、そういう視座が求められるようになっており、それが世界のスタンダードになりつつあります。

日本企業に求められる「世界視座を持った、自立した企業スタンス」

一方、日本の企業に目を転じてみると、いろいろな形でCSRの活動を行い、社会貢献に参画する姿勢は見受けられます。しかし、それらは企業イメージを高めるために、仕方なく行っている感がどうしてもぬぐえません。「世界のこと」や「地球のこと」を考えた崇高な理念に基づく企業独自のスタンスというものを強く見て取ることはできません。

たとえば、日本企業が「発電や電力供給の仕方」について政府や電力会社にプレッシャーをかけるようなケースがあるでしょうか。

原発の問題にしたって「原発にはリスクがあり、原発コストは安いどころか、べらぼうに高くつく」。核のゴミの最終処分についても「このまま原発を稼働すれば、どこかの自治体が核のゴミを押し付けられる」という不都合な問題に人々は気づいています。日本のような地震大国において、完全な安全対策など存在せず、「いつかは原発を止めなきゃいけないんだろうな」と多くの国民は思いつつも、現状に甘んじ、福島の悲劇は他人事になりつつあります。

日本政府は依然として原発をやめようとはしません。そして、日本のメディアはあまり報じませんが、人権意識の高い先進国では人の命のコストは高く、原発はペイせず、廃れ行く産業に成り下がっています。一方、人権を無視する発展途上国や新興国では、人の命は安いので原発に頼り、増設するのです。

米国を見てみれば、かつては「原発銀座」とまで言われたカリフォルニア州でさえ、２０２５年までに原発をゼロにすると動き出しています。さらに、２０３０年までに同州の電力需要の50％を再生可能エネルギーで賄うという挑戦的な目標を掲げ進んでいることも併記しておきます。そして、日本と違い新規国債の発行が必要なくなり、インダストリー4・0（第四次産業革命）で躍進するドイツも「脱原発」「再生可能エネルギーへ」という方針を打ち出していることはご存じでしょう。

こうした動きに対して、もっとも真剣に取り組まなければならないのは、言うまでもなく日本政府であり、電力会社です。

しかし、電気を使う企業側からも、もっと積極的に「再生可能エネルギーでなければ、ダメだ」「脱原発の道を探るべきだ」という主張をし、政府や電力会社にプレッシャーをかけてもいいのではないでしょうか。

そういった世界視座を持った「自立した企業としてのスタンス」が日本企業に感じられないのは、とても残念です。

脱原発を念頭に置いて再生可能エネルギーの話をすると、すぐに「出力が安定しないからダメだ」と言い出す人がいます。

しかし、再エネの出力が安定しない程度のことは今や当たり前で、欧米での議論はすでにその先に進み、「発電」から「蓄電」に注目は集まっています。2025年までに原発を完全廃止するカリフォルニア州は「再エネの出力が安定しないなら、でかい蓄電設備を作ればいい」とばかりに、パシフィックガス＆エレクトリック社など電力会社上位３社に対し、２０２０年までに１３０万kW相当の設備を作るよう命じました。参考までに、１３０万kWとは世界最大の原発、東京電力柏崎刈羽原発６号機の電力に相当する、ドデカい電力量です。

そして、イーロン・マスク率いるテスラではEVだけでなく、蓄電池も製造しています。企業向けに、テスラ車でも使っているリチウムイオン電池を大量に使った蓄電池「パワーパック」を販売しており、カリフォルニア州の大手電力会社「サザン・カリフォルニア・エジソン社（ＳＣＥ）」に８万kWhの蓄電システムを約３か月の短期間で完成させ、運用が始まっています。さらに、２０１７年12月にはオーストラリアにパワーパックによる世界最大の蓄電施設を１００日で作り上げ稼働を開始し、３万世帯以上へ電力供給が可能となりました。

ところで、２０１６年にテスラはソーラーシティを合併しました。ソーラーシティはイーロンの従兄弟リンドン・ライブが創業した太陽光発電企業で、もともとは、イーロンがアイデアを出し、会長も務めていました。

テスラ車用の高速充電のスーパーチャージャー・ステーションのルーフには太陽光パネル

がありますが、それはソーラーシティが設置したものです。さらに一般住宅の屋根で太陽光発電をする屋根一体型の「ソーラールーフ」を作るなど、「テスラはただの自動車メーカーではない。エネルギー革命に力を注ぐテクノロジー企業であり、デザイン企業だ」とイーロンが自負する言葉は、極めて大きな意味を持っています。

核のゴミ処分場も見つからない原発や、CO_2をまき散らす化石燃料での発電で儲ける電力会社からの呪縛を解き放ち、太陽光を利用して発電し、蓄電して電気を使えば、未来の子孫たちが安心して暮らせる持続可能な社会を作り出せる。

関わっている人たちが本気になれば、そんな未来を創造することは可能なのです。

松下幸之助が大事にした「水道哲学」

「経営の神様」と称された松下幸之助さんは「水道哲学」という思想を大事にしていました。水道哲学は社会と企業の関係を考える良い材料です。

昭和初期、日本はとても貧しく、庶民の生活は困窮していました。そして貧しい家並みには、むき出しの水道の蛇口を目にすることが珍しくありませんでした。ある時、荷車を引いた男が通りかかり、一軒の家の前で立ちどまると、そこにあった水道の蛇口をひねって水を飲み始めたのです。その行為を見ても周りの人は責めたりはしませんでした。その様子に、幸之助さんは大きな衝撃を受けたのです。「水を飲んでもとがめられないのは、水が安くて量が豊富にあるからだ」。水道哲学はこうして生まれました。幸之助さんは、「生産者の使命は、水道のように安価で良質なものを大量に提供することだ」との思いに至ったのでした。水道哲学の根本に流れるのは「貧乏な人と社会を豊かにする」というものでした。

大正時代に、松下幸之助が身一つで起こした松下電器もやがて成長し、昭和初期には従業員数が150名を超え儲かりだした頃、30代だった幸之助さんは喜ぶ半面、「ウチだけこんなに儲かっていいのだろうか」と悩むことも多くなっていたのです。気の弱い幸之助さんは自分の経営に自信が今一つ持てずにいたのでした。

そんな時にこの「水道哲学」に思い至り、自らのビジネスの価値を再確認し、企業としてのあり方を見つけたのです。「松下電器の使命は物資を大量に生産し、困窮のない世の中を作ることである」。この水道哲学の考えを直に聞いた当時の従業員たちは感動し、それまで以上に仕事に打ち込み、業績は急速に成長していきました。水道哲学を知ると、社会があって企業があるということ。社会のために、企業は存在しているんだということを今更ながら再認識させられます。

社会を見る、そして世界を見て、事業を考える姿勢は、テスラのギガファクトリーにも表れています。

ガソリン車に代わるＥＶを大量生産しようとしても、ＥＶの基幹であるバッテリー供給が不足していては話になりません。

テスラはパナソニックからリチウムイオン電池を買い入れてバッテリーパックにし、テスラ車に搭載しています。そしてテスラ初の大衆車モデル３の量産を念頭に、ネバダ州に世界最大のリチウムイオン電池工場「ギガファクトリー」の建設をスタートし、２０１７年に稼働を開始しました。フル稼働時にはテスラ車年間50万台の大量のバッテリー供給が可能となります。

ギガファクトリーは工場とは思えない美的デザイン性を兼ね備え、そこで使う電力は、太陽光発電と風力発電で賄います。その一方で総工費は50億ドル（約５０００億円）の巨額投資となり、将来不安を指摘する声も多々ありました。

しかし、世界を見据えたイーロンにとって、ネバダ州のギガファクトリーは手始めに過ぎず、「２００個のギガファクトリーが必要だ」とまで発言したこともありました。単純計算すれば、１億台のテスラ車へのバッテリー供給が可能な能力になります。

これが普通の企業なら、他社の動向を見ながら、ステップ・バイ・ステップで工場建設を進めていく手堅い方法を取るでしょう。

しかし、地球環境の悪化は待ってはくれません。はやくＥＶを世界中に走らせなければいけないと考えれば、目先の小さな一手では間に合わず、リスクが高いことは承知の上で破格の大きな一手を打ち勝負する。巨大工場ギガファクトリーの建設は、まさに「世界の未来を考える」からこそできる一大事業なのです。

Rule

03

どんな失敗でも、正面から受け入れる

――絶望をモチベーションに昇華する

失敗は成功の必要条件

失敗を恐れるな。

これはよく言われることですが、イーロン・マスクを見ていると「失敗を恐れる、恐れない」という領域を超えて、そもそも「失敗は起こるもの」と平然と受け入れているように感じます。

新しいことをやろうと思ったら、失敗を許容しなければならない。本書のテーマでもある「世界をつくり変え、未来を創造する」というのなら、なおさら失敗を避けては通れません。

フェイスブックのマーク・ザッカーバーグはハーバード大の学生の前で、失敗についてこんな話をしていました。「J・K・ローリングはハリー・ポッターを出版できるまでに12回も断られた。ビヨンセですら"Halo"を作るまでに何百曲と作ったんだ。大きな成功は『失敗する自由』によって生まれるんだよ」。失敗は成功への必要条件なのです。

そして、イーロン・マスクは「途方もない理想をぶち上げるが、それを実現させる男」として成功にばかり光が当たりがちですが、すべてが順調だったわけではありません。それどころか、失敗に失敗を重ねる戦いだったと言っていいでしょう。

そんなイーロンの特筆すべきは、とんでもない失敗を繰り返しながらも、平然と前を向き、突き進んでいくところです。

ロードスターの出荷が遅れるなど、テスラはトラブル続き……

ここでイーロンの失敗を振り返っておきましょう。

テスラ社ではEVの第一弾ロードスターの開発が遅れ、出荷にもたつきました。大きな原因はトランスミッションで、テスラ社のCEOは次々交代する事態となりました。

その次に出した高級EVセダン「モデルS」も、計画した生産台数になかなか届かず、予約客たちをハラハラさせました。

テスラ初のSUVの「モデルX」は、スーパーカーのように地面と垂直方向にドアがカッコよく開く「ファルコン・ウイング」が一番の特徴で、このファルコン・ウイングを言い出したのはイーロン本人でした。ところが、設計が複雑になりすぎて開発期間が延びてしまいます。しかも、出荷してからモデルXはファルコン・ウイングの動作不良を起こしたり、また、車体に衝撃が加わった時に座席を固定するラッチが外れる問題も起きました。結果として、モデルXはリコールを申請するハメになりました。

テスラの歴史を紐解けば、まさに失敗続きです。

「ファルコン1」は打ち上げ失敗の連続

スペースXでも最初のロケット「ファルコン1」で失敗が続きます。

スペースX設立から3年目の2005年、イーロンは「ファルコン1を、11月25日に打ち上げる」と胸を張って発表しました。

シリコンバレーの若き成功者が無謀にも宇宙ロケット産業に殴り込みをかけ、その第一号がいよいよ打ち上げられるのですから、弥が上にも世間の注目は集まりました。イーロンたちの夢を乗せた「ファルコン1」は発射地となる南太平洋の「ロナルド・レーガン弾道ミサイル防衛試験場」に持ち込まれたのですが、予定していた11月25日には準備が整わず、発射は翌日の26日に持ち越しとなります。ところが翌日の11月26日はあいにくの雨で、カウントダウンが予定より一時間も遅れます。

それでもなんとかすべての準備が整い「いよいよ打ち上げだ！」と思った矢先に、今度は液体燃料タンクの設定ミスが発覚。急いで修復を終えたと思ったら、次はメインエンジンのコンピュータに問題が起こり、結局打ち上げは中止するしかありませんでした。

目も当てられないようなトラブル続きの状況のなか、イーロン・マスクは「次の打ち上げは12月の中旬になる」と発表します。

そして、予定された12月19日。全長21m、総重量39トンの「ファルコン1」は再び発射台に乗せられますが、またしても燃料タンクに構造的な欠陥が発覚して中止。そのまま年を越え、1月になっても、2月になっても発射の目処は立ちませんでした。

こんなことが続いてくると、当然世間の人々は「やっぱりダメなのか……」と思いますし、専門家たちは「だから、最初からベンチャーごときに無理だと言っただろう」「初めから無謀なチャレンジだったんだ」と口々に言い出しました。

宇宙ロケット開発と、それに関連する産業については後に詳しく触れますが、そもそもが巨大な利権の絡んだ世界です。日本の原発事業とよく似ていると言えば、イメージしやすいでしょうか。そんなグレーな領域に、ベンチャー企業が戦いを挑むのですから、少しでも失敗をすれば「それみたことか」と批判が飛んでくるのです。

スペースXは2006年3月、まわりの冷ややかな視線を浴びつつ、やっと「ファルコン1」は打ち上げの日を迎えたのです。

最善を尽くして準備した「ファルコン1」は、発射台からイーロンたちの期待と不安を乗せて打ち上がりました。ところが、発射数秒後に断熱材の一部が落下。さらにその数秒後にはエンジンノズルの噴射方向が突然変わり、制御不能に陥ります。そして、打ち上げから41秒後、「ファルコン1」はあっけなく南太平洋に墜落してしまいました。

イーロン・マスクとスペースXのエンジニアたちが意地とプライドをかけて開発した宇宙ロケットは、衆人環視の中、1分と持たずに海の藻屑と消えてしまったのです。

その後も失敗は続きます。

前回の打ち上げ失敗からほぼ1年後、問題点を洗い出し、改良されたファルコン1の2号機が打ち上げられました。1段目エンジンは順調に燃焼し、機体はグイグイと空に吸い込まれていき、2段目の切り離しにも成功。2段目エンジンに点火し「今度こそ」と思った時、2段目ロケットにトラブルが発生し失敗に終わりました。

それでも高度約300㎞までロケットが到達したことを取り上げ、「今回の結果は失望などではない。それどころか、とてもハッピーだ」とイーロンは強がってみせたのです。実際には、胃がキリキリ痛む思いだったでしょう。

追い詰められたスペースXのエンジニアたちは、ロケットの心臓部マーリン・エンジンに改良を加え、新たにマーリン・エンジン1Cを生み出して一発逆転を狙いました。

そして、2度目の打ち上げ失敗から約1年半後、このマーリン・エンジンを組み込んだファルコン1の3号機は南太平洋の空に打ち上がりました。1段目ロケットエンジンは設計通りの性能を発揮したのですが、またしても2段目ロケットの切り離しで失敗。イーロンたちは三度、世間の批判を浴びることになりました。

しかし、それ以上に大変なことは、スペースXの資金がみるみる減っていき、危機的状況を迎えようとしていたことでした。いったい、どうなってしまうのか。

もし4度目の挑戦でファルコン1が打ち上げに失敗したら、イーロンは破産し、スペースXは潰れてしまう。

そんな崖っぷちでも、イーロンとスペースXのエンジニアたちは過去3度の失敗と向き合い、最善策を懸命に探す努力を重ねていきました。

そして2008年9月、ファルコン1は南太平洋の天空に駆け上がり、ついに予定していた軌道にペイロードを無事乗せることに成功したのです。成功の瞬間、コントロール・ルームには歓声が巻き起こり、イーロンは「今日は人生最良の日だ！」と喜びを爆発させました。

それまでに費やしたファルコン1の開発や実験費用、3度の打ち上げ失敗などの総コストはなんと1億ドル（100億円）。イーロンは「みんな、おめでとう！　この偉業はみんなの懸命の努力のおかげだ」と不眠不休で打ち上げに臨んだエンジニアたちを祝福し、最後にこう付け加えました。

「ことわざにもあるだろう。4度目の正直だって」。スペースXは古い考えの専門家たちからの批判を撥ね除け、歴史の扉を開いたのです。

スペースXは「宇宙の宅配便」

ここでスペースXが実施している宇宙ビジネスについて、説明しておきましょう。きっと、多くの人が「そもそも宇宙ビジネスって何？」「何のために打ち上げているの？」「どうやって儲けているの？」などの疑問を持っているはずです。

端的に言えば、「地球と宇宙の間でやっている宅配便」。それがビジネスの骨子です。

たとえば、国際宇宙ステーションではさまざまな実験が行われているので、実験機材やスタッフの食料、日用品など、いろんなものが必要となります。また、使い終わった実験機材や日用品などを、いつまでも国際宇宙ステーションに保管しておくわけにはいきません。

そこでスペースXのような会社が「必要なものを届け、不要なものを受け取って戻ってくる」という宅配業務をやっているわけです。場所が宇宙だということを除けば、じつに単純なビジネスモデルです。

この国際宇宙ステーションに物資を届ける任務は、日本のJAXAの宇宙ステーション補給船「こうのとり」も行っています。ところが、こうのとりは、国際宇宙ステーションで使った実験機材などを積み込んで地球まで持ち帰ることは出来ず、大気圏突入時の高温で燃えて、焼却処分となります。さらに、ロシアの補給船プログレスもやはり帰還時に大気圏で燃え尽きる構造です。

それらと違って、スペースXの宇宙船ドラゴンは地球に帰還し、さらに、再利用して打ち上げる設計になっています。

2017年6月、国際宇宙ステーションに物資を届けるために打ち上げられたスペースX独自開発の宇宙船ドラゴンは、それまでと違って以前打ち上げたものの再利用でした。つまり約3年前の2014年に国際宇宙ステーションに物資を届け、地球に帰ってきたドラゴンを再び利用して挑んだのです。宇宙船の再利用は宇宙開発史上初めての快挙であり、スペースXの技術力は世界を驚かせました。

国際宇宙ステーションへの物資輸送だけでなく、別のミッションもスペースXは担っています。地球の周りにはたくさんの衛星が回っていて、気象衛星や通信衛星、民間のものもあれば、軍事目的のものもあります。こうした衛星は、ロケットに搭載して打ち上げて宇宙まで運び、しかるべきポイントでリリースすることで周回軌道に入ります。

そのポイントまで衛星を運ぶというのも、スペースXが行っている事業の一つ。米国だけでなくカナダやフランスなど各国の通信衛星などをこれまで打ち上げており、今後の打ち上げ予定は国際宇宙ステーションへの物資輸送も含むと50を超え、毎月打ち上げても追いつかないほどです。

スペースXにこれだけの注文が来る理由は、打ち上げコストが激安で、確実に打ち上げる技術と実績が高く評価されているからです。

アメリカにおける宇宙産業の光と影

アメリカにおける宇宙開発の状況をシンプルに説明すると、全体を取り仕切っているのが、ご存じNASA。それともう一つ、もろもろの軍事目的があるので国防総省も宇宙関連事業に大きく関わっています。

しかし、実際にNASAや国防総省がロケットを作っているかと言えば、そうではなくて、民間会社に発注しています。その発注先というのがボーイング社やロッキード・マーチン社、さらにはボーイング社とロッキード・マーチン社が合弁で作ったユナイテッド・ローンチ・アライアンス社（ULA）などもあります。

ボーイング社は1916年に創業し、売上8兆円を超える世界最大の航空宇宙機器メーカーで、サターンVロケットやスペースシャトル、さらには国際宇宙ステーションの開発、製造にも携わってきました。航空機メーカーとしても有名で、ジャンボジェット機を製造する一方、沖縄の米軍基地問題で度々話題となる「オスプレイ」の製造も手がけ、民間機から国防関連まで牛耳る巨大企業です。

ロッキード・マーチン社は1995年にロッキード社と米国のマーチン・マリエッタ社が合弁して出来た会社で、この時にロッキード社は歴史に幕を閉じました。ロッキードと言えば、元総理の田中角栄が逮捕された「ロッキード事件」を思い起こす人も多いでしょう。ロッキード・マーチン社は世界的な軍需企業として年間約5兆円を売上げ、レーダーに探知されない戦闘機として知られているステルス戦闘機F-22やF-35の開発・製造も手がけています。

さらに、巨大軍需企業のボーイング社とロッキード・マーチン社が手を結んで作ったのがULA社です。

NASAや国防総省、ロッキード・マーチンやボーイングなど国家組織や巨大企業が航空宇宙産業を取り仕切っているわけですが、こうしたプレイヤーの中で「どんなやり取りがされているのか」「どんな契約で、どのようなお金が流れているのか」など、詳細な実態はほとんどブラックボックスの中。まさに利権の渦巻く世界なのです。

この暗黒とも呼ぶべきグレーな領域に、無謀にもイーロン・マスクは割って入ってきたわけです。

通常、NASAが宇宙ロケットの全体設計をして、それをボーイングやULAが作るのですが、スペースXでは（NASAの技術的な指導は受けるにしても）原則として自分たちで設計し、ロケットを作ります。この時点で、かなり異端な存在です。

業界の関係者たちにしてみれば「異端な存在など無視していればいい」と言いたいところですが、そうさせないのがイーロン・マスクの凄いところです。

すでに述べた通り、イーロンは「ロケットの開発コストを100分の1にする」と宣言し開発を進め、実際に10分の1程度まで実現しています。すると、当然「宇宙の宅配便料金」

もディスカウントされます。

こうなると、NASAや国防総省(それに関係する族議員たち)もスペースXの存在を無視するわけにはいかなくなります。

ここらへんが非常におもしろいところで、たとえば、NASAや国防総省がスペースXを使わず、相変わらずロッキード・マーチンやボーイングばかりを使い続けていたら、当然、国民は「なぜ、安いスペースXを使わないんだ!」「税金の無駄づかいをしているんじゃないか」と文句を言うでしょう。

すると議員たちも分が悪い。そんな微妙な力関係が働いてくるのです。

もう一つ別の視点で考えてみましょう。

NASAや国防総省とボーイングなどとが蜜月の関係にあるとしても、当然価格交渉は行われます。その際、これまでであれば「確実に打ち上げることが最優先なので、このくらいの高い価格でも通用するだろう」とボーイングは強気の交渉をしていました。ほとんどライバルがいない独占市場で、安全性を盾にすれば、相手も反論しにくいからです。

ところが、そこにスペースXという価格破壊者が入ってくると状況は大きく変わってきます。

「スペースXが安くロケット事業を展開しているのだから、おたくだってできるでしょう。おたくのような価格のままでは、国民が納得しないんですよ」とNASAは交渉の材料にできるわけです。

タフなハートがなければ「未来の創造者」になんてなれない

イーロン・マスクが手がける宇宙ロケット開発には、そうしたさまざまな政治的側面も絡んでいます。

このあたりの「ビジネスを取り巻く環境」が、いわゆる「シリコンバレー型」とは根本的に異なるのです。

イーロン・マスクは、ほとんど国家権力と言ってもいいような途轍もなく巨大な抵抗勢力と向き合いつつ、業界の「わからず屋」たちとも根気よく交渉を続けなければなりません。そして一方では、開発現場に入り込み、新しいテクノロジーを開発し、徹底したコストカットも実現しなければなりません。

まともな人間なら胃が痛くなって逃げ出してしまうところですが、そんな周りからの重圧を受けながら、ファルコン1の打ち上げを4度目の正直で成功させたのです。

ファルコン９
出典：スペースＸ社サイト http://www.spacex.com/falcon9

スペースXは、推進力がファルコン1の9倍あるファルコン9を開発してから、打ち上げ成功を連発させていきます。それは、ファルコン1の3度の悲惨な失敗から多くを学びとった成果にほかなりません。

２０１０年に全長約54ｍのファルコン9は、初めての打ち上げで、いきなり成功を成し遂げました。さらに、ファルコン9に搭載していたドラゴン宇宙船は、地球の軌道を2周した後、大気圏に再突入、太平洋上に無事帰還することにも成功しました。これは民間企業として世界初の快挙でした。

世の中では、簡単に「新しいことをやろう」「イノベーションを起こそう」と言いますが、本当の意味で世界を変えようとするなら、失敗は避けて通れないことだと覚悟を決めて、失敗から逃げないことです。そもそも、失敗は悪いことではなく、失敗から学ばないことが悪いのです。失敗から顔をそむけると、また同じ失敗をしてしまいます。

失敗から学ぶためには、まず正面から失敗を受け入れること。

これが失敗を成功に変える第一歩となるのです。もちろん、その間には世間や周りからの批判にさらされるでしょう。後悔が次々と押し寄せ、絶望に打ちひしがれることもあるでしょう。

しかし、イーロンはこんなことを言っていました。

「暗闇のような日々の中で、絶望は、頑張ろうという強烈なモチベーションにつながる」。

この反逆的なる精神構造を持てるかどうかが肝要であり、それはイーロン・マスクだけでなく、すべての成功者に共通していることなのです。そして、その根底には、周囲に何と思われようとも、ブレずに前を向き続ける「タフなハート」が根を張っていることは言うまでもありません。

Rule

04

ギブン・コンディションを超える

――「ワク」を取っ払う図太さ

与えられた状況に甘んじるな

仕事をする現場では、多くの人が「上司から与えられた状況の中で、なんとかする」という発想を持っています。現実的に仕事を進めていく上で有効な考え方ですし、そうした人たちが組織を支えていることも事実です。

しかし、イーロン・マスクをはじめ、世界をつくり変え、未来を創造していく人たちの発想は、出発点が根本的に違います。

与えられた状況、すなわち『ギブン・コンディション』などお構いなしに、「何を実現したいか」ということにストレートにアプローチしていきます。

たとえば、「宇宙ロケットの開発コストを100分の1にする」という時、ギブン・コンディションで考える人は、当然「現実的でない」「10%の削減はできるかもしれないが、それ以上は難しい」などと言い出すでしょう。

これまでの状況（ギブン・コンディション）を分析すれば、そういう答えが導き出されるからです。

たとえば、トム・ミューラーもそんなひとりでした。トムは、ジェミニ宇宙船を打ち上げたTRW社でエンジンの主任開発者として長く働く有能なエンジニアで、スペースXから誘いを受けていました。このトムがスペースXに入る前にイーロンと会った時のこと、いきなり「一体、いくらエンジンのコストダウンが可能だと思う？」と聞かれトムは面食らいました。それでも長年の経験と、ベンチャー企業のCEOに前向きな姿勢を見せようとトムは「たぶん、3分の1ぐらいなら」と答えを返しました。これは、彼の〝経験〟というギブン・コンディションによって導き出された精一杯の回答でした。

しかし、イーロンが発した言葉は「ロケットコストを、10分の1にするんだ！」。この時、トムは心の中で「クレイジーだ」と感じたといいます。

しかし、ギブン・コンディションを超えていく人は、常識や過去のデータに囚われることなく「抜本的なイノベーションを起こせば、実現できる」というマインドで常に考えます。

これはもう、根本的に考え方が違うのです。

結局、スペースXに入ったトム・ミューラーは、「ロケットを量産する」というイーロン的な異端の発想の下、ファルコンロケットを従来のコストの10分の1で作り上げる「奇跡の実践者」の一人となっていました。現在トムはファルコンのマーリン・エンジン開発の責任者として大活躍しています。

ところで、日本のサラリーマンに目を向けると「ギブン・コンディションの中で成果を挙げる」というのが得意な人がとても多いように感じます。たとえば、営業職で、それぞれの担当地域が割り当てられている場合、ほとんどの人が「自分が割り当てられた地域で良い成績を出そう」と考え、努力します。

しかし、ときどきギブン・コンディションを超えていく人が現れて、「私の担当エリアは神奈川県ですが、千葉県も、埼玉県もやらせてください。エリアと予算を3倍にしてくれたら、10倍の売上げを上げますから」なんてことを言い出します。

組織の一員としては、はっきり言って、はみ出し者で、上司にとっては厄介な部下です。しかし、こういったギブン・コンディションを超える人材が新しい何かを生み出していくのです。

その発想とレベルが飛び抜けているのが、イーロン・マスクであったり、スティーブ・ジョブズであったりするわけです。

大きく見ながら、細部にこだわる

イーロン・マスクとスティーブ・ジョブズにはいくつかの共通点がありますが、「妥協を許さないプロダクト・ピッカー」という点は、かなり目立った共通点と言えるでしょう。「プロダクト・ピッカー」とは「製品の細かいところまで口出ししてくる、やかましいタイプ」のことです。ジョブズのプロダクト・ピッカーぶりは内外に有名でした。

彼のプロダクト開発は、徹底したユーザー目線と揺るぎない美的感覚に基づき、とにかく妥協を許しません。一度言い出したら聞かない、と言ったほうが適切でしょうか。

Ｍａｃ（マッキントッシュ）開発では「製品サイズは電話帳の大きさに収めろ」と言い、ｉＰｏｄの時は「選曲でのクリック回数は3回以内」「音質にシャープさが足りない」という具合にとにかく口やかましかったのです。それでいて「そのためにはどんな技術が必要だ」とか「どんなソフトウエアの開発が求められるのか」など、テクニカルな部分は完全にノータッチでした。

現場のエンジニアにしてみれば、「こういう理由でそれはできないんです」と言いたいことが山のようにあるでしょうが、そんな反論をジョブズはまったく受け入れません。

その反論こそが「ギブン・コンディション」に縛られていることの証左であり、ジョブズに言わせれば、「そんなことはユーザーには関係ない。とにかく、やれ」ということなのです。

一方のイーロンは、ユーザー目線よりも物理学的思考です。ゼロから考えるのがイーロン流で、細かな設計の部分にガンガン入り込んできます。エンジニアが技術的な話を難解な言葉で誤魔化そうとしても、尻尾を掴まれ、ひどい目に遭うだけです。「なぜ、その溶接方法を選んだのか」「どうしたら抜本的なコストダウンができるか」「そのためには、どんなテクノロジーが必要か」「本当に、その構造がベストだと言えるのか」と徹底的に掘り下げてきます。

とにかくイーロンは技術的知識が豊富なので、たとえば宇宙ロケットの開発現場で、「どうして、この材料を使ってるんだ?」と聞かれた現場のエンジニアが「他社も使っているんで……」なんて答えたら、大変です。下手をすれば、その場で叩き出されます。「なぜ、その素材がベストなのか、物理的に説明しろ」「それができないなら、すべての素材を使って検証しろ!」というのがイーロンのスタンスです。

現場にとっては気の抜けない、相当やっかいなリーダーです。しかし、イーロンとの議論が、現場に思わぬ気づきや、ヒントを与え、現場のレベルアップにつながることは事実です。

それが巡ってイーロンの知力をもアップさせるという相乗効果を生むのです。

ハードワークを恐れない

ユーザー目線のジョブズと、物理学的思考のイーロンという違いはありますが、ふたりとも揃ってハードワーカーであり、〝鬼軍曹〟です。

徹夜続きで「もう三日寝てません……」というフラフラ状態のエンジニアに対して、「そうか、じゃあゆっくり休んでくれ」なんて優しい言葉は絶対に言いません。そんな相手に対しても、平気でムチを入れます。しかもイーロンにいたっては、エンジニアが弱音を吐き「時間がなくて、無理でした」などと言い訳を並べようものなら、「オマエができないなら、オレがやってやる」と言い出すタイプです。

イーロン・マスクは南カリフォルニア大学マーシャル経営大学院の卒業式でこんなスピーチをしています。

まず言いたいことは「超多忙であれ」ということです。何を仕事にするかにもよりますが、特に最初の職場ではとにかく忙しく働く必要があります。（中略）起きている時は常に働く。特に起業する人には言っておきたいことです。他が週に50時間

働くなら自分は１００時間働く。そうすると会社としては、本来の２倍の仕事量をこなせたことになります。

古今東西の成功者たちは、みんなハードワーカーです。そして、部下たちも猛烈に働きます。テスラやスペースXで働く人たちは、野心的で、高い目標に挑戦することに生きがいを感じる、そういう人たちなのです。

上から言われたことをやっておけば給料がもらえると考える人は、このような会社にはまず入ってきません。テスラやスペースXのようにベンチャーで急成長する企業にわざわざ入る連中は、「定年まで、おとなしく円満に勤めよう」といった安定志向はさらさら持ち合わせていません。

歴史ある宇宙開発企業からスペースXに転職してきたケビンは、もといた会社ではルールや約束事が多く、仕事の分担が明確に区切ってあり、自分のやりたいと思うことができないことに不満を感じ、転職に踏み切ったのでした。

しかし、いざスペースXで働き出すと、想像以上にハードな開発現場にビックリ。日々、知能と気力をフル稼働させて夜遅くまで働き、クタクタになって帰宅するとベッドへ倒れ込む生活になってしまいました。

では、そんなスペースXを嫌になるかといえば、そうではなかったのです。「体力も精神的にもきつかったが、どんどんスペースXが好きになり、仕事にのめり込んでいったよ」と語っています。事実、この間にケビンは大きな成長を遂げます。

自分の体力、気力、能力が最高の時に、最高の結果を出して、この会社をすごいものにしてみせるという根拠のない自信と意欲に溢れている連中が、イーロンのもとには集まるのです。

テスラのEVは「走るコンピュータ」です。そのテスラでは自動車メーカーからの転職組が何人もいますが、一番多いのはGMやフォードからではなく、アップルからの転職組です。アップルはジョブズからティム・クックにCEOが替わると、腕に覚えがあるエンジニアたちは、ジョブズの時のように技術的な議論を戦わせる機会がなくなってきました。クックは物流畑を歩んできたので、ジョブズのように新製品開発での経験はほとんどなく、優秀なエンジニアであればあるほど、物足りなさを感じたのです。かつて「アップルになくてテスラにあるもの」という記事まで登場しましたが、もはや世界を変えるのはジョブズのいなくなったアップルではなく、イーロンのいるテスラだという内容でした。

テスラに行けば、イーロン・マスクと仕事ができる。イーロンはEVで世界を変えようとしている。

この「刺激的な環境」こそが、腕に自信のあるエンジニアにとって何よりの魅力なのです。

「普通の仕事」に安心するか、ボイコットするか

細部に口を出し、ムチャぶりをするリーダーの下で働くというのは、いいことばかりでなく、腹の立つことも多く、対立することだってあるでしょう。

しかし、そんな環境だからこそ、ギブン・コンディションを超えざるを得なくなるのです。

その結果、自分が考えていた限界を軽々と跳び越え、自分の能力を本人が驚くほどに伸ばすことができるのです。

ジョブズの成功を支えたエンジニアたちは、様々な理由でジョブズのもとを離れ、自らベンチャー企業を起ち上げたり、他社で幹部社員となり仕事をしていきました。ところが、ジョブズと一緒にいた頃ほどの輝きも成功も手にしてはいません。アップルを一緒に起ち上げたスティーブ・ウォズニアックしかり、iPodを作ったトニー・ファデルしかり、Mac OS X《テン》を開発したジョン・ルビンスタインしかりです。

彼らのキャリアのなかで、もっとも能力を発揮し、光り輝いていたのは、紛れもなくジョブズと共にギブン・コンディションを超えて新たなことに挑んでいる時でした。

私自身、かつてアップル社で働き、世界のトップと言われるエンジニアたちの仕事ぶりを見てきました。日本のエンジニアに比べて、やはり彼らは「とにかく、凄いことをやりたいんだ」という気概に満ちていました。

逆に、アップルの連中は誰でも出来る「普通の仕事」には見向きもしません。それどころか、「そんなのはオレがやる仕事じゃない！」とボイコットすることもありました。

日本の多くのエンジニアは、「普通の仕事」の方が安心してできるようです。そして、失敗するか成功するかわからない仕事は、尻込みしがちです。

その一方で、日本でも少数ながら、リスキーな仕事にやりがいを感じ、全力を尽くし、すごい成果を出すエンジニアもいました。しかし残念ながら、社内の評価は決して高いとは言えず、出世には恵まれませんでした。

そんな組織のあり方こそが、日本を失われた20年、25年に貶めた一因でもあるのでしょう。

車にソフトウェア・アップデートを行う

テスラの高級ＥＶセダン「モデルＳ」で発生した問題と、それを解決するために、どのようにギブン・コンディションを乗り越えたかお話ししましょう。

テスラ　モデルS

出典：erik_ros (subsequent level correction by uploader)

テスラは2012年、「モデルS」の販売を開始すると、市場から高い評価を得て販売台数を伸ばしていきました。モデルSのリチウムイオンバッテリーはロードスターよりエネルギー密度をアップし、ボディフロアの下のアルミシャーシの中に約7000個敷き詰め、高出力を実現すると共に、車体の低重心化を達成。走行安定性は抜群との評価を得ました。

しかし、バッテリーが車体の下にあると、もし道路に落下物があった場合これを巻き込んで、バッテリーが物理的な損傷を受ける危険性があることも考えなくてはいけません。そこでモデルSの車底には防御プロテクターを装着。さらに、万が一に備えて自動的に電気を遮断する制御設計も盛り込んで、万全の対策を施しておいたのです。

ところが、2013年10月、高速道路を走行中のモデルSが、トレーラーからの大きな金属製の落下物を車体に巻き込み、火災が発生するという事故が起きました。モデルSに装備された警報システムで運転手は怪我をしないで済みましたが、「テスラ車、火災事故」のニュースは全米に流れ、EVに批判的な人々からは「それみたことか」、「EVはやっぱり危険だ」という声が一斉に上がりました。

当然、米道路交通安全局などが調査に乗り出しましたが、お役所仕事の結果を待つよりも、いち早くテスラはモデルSの車底にチタン製のアンダー・ボディカバーなどを取りつけるハード面の対策を行いました。

従来の自動車業界の常識的やり方ならここで終わりでしょう。ギブン・コンディションを前提にすれば、これで十分です。

ところが、テスラは違っていました。「ソフトウエア・アップデート」というまったく異なるアプローチも同時に行ったのです。

PCではお馴染みのソフトウエア・アップデートですが「車体の問題をアップデートで処理する」というのは聞いたことがありません。

しかし、そもそもテスラ車は〝走るコンピュータ〟であり、インターネットと常時接続しています。そこで、高速走行中にはモデルSの車高を自動的に上昇させ、車底への衝突危険性を低減するよう、ソフトウェアをバージョンアップしたのです。なかなかユニークな対応です。

しかも、ハードの対策はかなりの時間を要しますが、ソフトウェアのアップデートなら簡単。モデルSのセンターパネルにある17インチタッチスクリーンをタップしてソフトウェア・アップデートを行うだけで、この車高対応は可能となりました。

「クルマなら普通はこうだ」「業界の対応はここまでだ」というギブン・コンディションに甘んじている限り、未来を駆け抜ける革新的なクルマは作り出せないでしょう。

また、ギブン・コンディションは言い訳に使いやすいものです。

「人が足りません」、「予算が不足して……」、「日程が短すぎるんで」など言い訳はし放題ですし、ギブン・コンディションが絶対だと思うあまり、条件闘争まで始めてしまうこともあります。「設計目標を少し下げたら、日程通りに出来るんですが……」「品質レベルを5％緩和してもらえませんか……」といった話をすぐに持ち出す人がいるでしょう。

上から与えられる条件とは、とかく不十分で、理不尽なものばかりです。

すると、部下たちは「上司が悪い」「部長が理解してない」、あげくに「社長が現場を知らない」と言い訳に逃げ込みます。

しかしそれでは、未来は遠ざかるだけです。上司から与えられたギブン・コンディションが不十分で、どう努力しても目標達成が難しいと思ったなら、ギブン・コンディションそのものをひっくり返す努力を開始するべきです。

ギブン・コンディションをいかにはやく乗り越えられるか。これこそが未来への近道となるのです。

Rule 05

ひとつの成功なんかで満足しない
――21世紀を切り拓く思考法の正体

イーロンが連続起業する理由

あらゆる起業家は、自らの事業を成功させたいと切に願い、それによって大金を稼ぐことを夢見ているでしょう。

その野心が悪いとは思いませんし、野心が困難を乗り超える原動力となることは確かです。ただし、事業における成功がとても重要である一方で、さらに重要なことがあるのです。ひとつの成功を手に入れた時、それからどうするかです。

一時の成功に慢心し、消えていった企業は数多あります。たとえば、マイクロソフトの表計算ソフトエクセルはＰＣアプリの定番ですが、それよりも、もっと早くに登場し、ヒットした表計算ソフトがありました。ソフトウェアアーツ社が開発した「ビジカルク」です。現代では、この名前を聞いたことがある人はむしろ少数派かもしれません。

そもそも、ビジカルク誕生のきっかけは、じつに些細なことです。後にソフトウェアアーツ社の創業者となるブルックリンが、ハーバード大のビジネススクールの授業を受けていた時、教授が黒板に自分で書いた計算式に間違いがあることに気づいては、その表をいちいち消して、書き直す様子を見てひらめいたのです。「そんな計算ならコンピュータにやらせたらいい」と。

こうして誕生した表計算ソフト「ビジカルク」は、当時、大人気だったアップル社のアップルⅡ向けに発売するや、瞬く間に大ヒット。文字通り、ブルックリンたちに栄光の時がやってきました。

ところが、70年代の米国では、ビジカルクのようなソフトウェアは特許として認められず、数年後にはマイクロソフト社やロータス社などから表計算ソフトが次々と登場。すると、ビジカルクは市場の隅に押しやられていきました。この間、ブルックリンたちは、ビジカルクのバージョンアップで対抗できるはずでしたが、販売を引き受けていた会社と内紛を起こし、そこにエネルギーをそがれていたために浮上できず、結局はジリ貧になってしまいます。最終的には、ロータス社に会社を売却し、ブルックリンの夢は潰えました。

ビル・ゲイツより金持ちになったかもしれない男

ビル・ゲイツがマイクロソフト社を創業し、世界一のソフトウェア会社に成長させたことは誰でも知っています。しかし、はじめの一歩が「アルテア8800」という個人向けコンピュータのプログラム言語「BASIC」を開発した時にさかのぼることはご存じでしょうか。

そして、ここにも一つの成功で慢心し、消えていった会社がありました。

時は大型コンピュータが主流だった時代、マイクロプロセッサーを使ったコンピュータキットはマニアの間で人気が出始め、アルテア8800は大きな注目を集めました。そもそも、このアルテア8800とは、エド・ロバーツが起こした会社MITS社が開発し製造したものでした。

アルテア8800の記事を雑誌で読んだ、当時ハーバード大の学生で、プログラムを組むことが3度のメシより大好きだったビル・ゲイツは、友人のポール・アレンと共に、アルテア8800用のプログラム言語「BASIC」を作り上げます。そして、すぐに彼らはアルバカーキにあるMITS社に飛び、自分たちが開発した「BASIC」を売り込み、まんまと成功を収めます。

これがマイクロソフト社、成功の物語の始まりでした。

アルバカーキで起ち上げたマイクロソフト社は、これを契機に事業を拡大し、ワード、エクセル、ウィンドウズと次々と成功を重ね、世界一の座に上りつめ、ゲイツは世界一の大金持ちになったのでした。

一方、MITS社を創業したエド・ロバーツは、そんなゲイツとは対照的でした。アルテアがそこそこ売れるとMITS社をあっさりパーテック社に売却。エド・ロバーツ自身、しばらくはパーテック社の社員として働いていましたが、経営の意思決定からは遠ざけられ、窓際族となってしまいました。結局、エドはパーテック社を辞め、コンピュータの世界から離れる道を選びました。

MITS社を買収したパーテック社は、パソコン事業で成功しようともがきましたが約2年で撤退。アルテアは姿を消すこととなったのです。

一つの成功で山頂を極めてしまうと、そこから下山し、また次の山を目指して歩み始めるのは至難の業です。一度踏破した山頂でゆっくりと成功の景色を眺めていたいのが普通の人間なのでしょう。

それは、人生を賭けるに値する仕事なのか

イーロン・マスクは一つの成功で満足する性格ではありません。

その証拠に「Zip2」や「Xドットコム」で稼いだ約2億ドルのお金を、思い切りよく、しかも成功するかどうかもわからない宇宙ロケット開発にいとも簡単に注ぎ込んでいます。ビジネスの成功確率を考えたら、そんな無謀なチャレンジなどしないものです。

たしかに、イーロンは「人類を火星に移住させる」とか、「電気自動車で地球の環境汚染を止める」という大きな理想、ビジョンを掲げています。それだけ大きな目標を掲げているからこそ、ちっぽけな成功に満足することもなければ、固執もしない。そう世間は見てしまいます。

しかし、イーロン・マスクという人物の本質を覗いてみると、何か別の性質があるようにも感じます。

常々イーロンは「ちょっとクリックをしただけで小銭が稼げるようなビジネスなら、簡単にできる」と語っています。それはつまり「そんなことをしてもつまらない」「もっとすごいことがしたい」という思いの表れでもあります。

思えばペンシルベニア大学在学中、イーロンが卒業後の進路を考えていたとき、ビデオ

ゲーム業界への就職が頭をかすめたことがありました。

しかし、彼は「自分が、人生を賭けて追いかけるほどでもない」と退けたのです。「コンピュータゲームは大好きだ。ただ、自分で素晴らしいゲームを開発できたとして、それが世界にどれほどの影響力を持つのか冷静に考えてみた。まあ、たいしたことはないだろうと。心の底から好きなことではあっても、生涯の職業として人生を賭けることはできないと判断したんだ」

自分の一生をかけるに値する仕事とは何か。

それこそがイーロンにとって大事な価値観であり、彼が選んだ仕事だったのです。

人間の知能レベルを飛躍させる

これまで述べてきたように、イーロン・マスクは「スペースX」で宇宙ロケット開発を、「テスラ」では電気自動車を作り、2006年には従兄弟であるリンドン・ライブと太陽光発電会社の「ソーラーシティ社」を起ち上げました。イーロンは早くから太陽光発電に興味を持っていて、ペンシルベニア大学時代には「太陽光のエネルギー利用の重要性」という題名の小論文を書き上げています。その中では、新しい素材をつくり出し、大規模な太陽光発電所を建設するなど、太陽光発電の技術が大きく花開く未来まで予測していました。

まさに、彼は「太陽の力の信者」であり、太陽光発電ビジネスは、紛れもなく彼が生涯を賭ける仕事の一つなのです。

「ほとんどの人は意識していないけれど、世界は太陽エネルギーで動いているんだ。もし、太陽がなかったら、地球は絶対温度3度（マイナス270度）の凍った世界になってしまうし、水が循環するのも太陽の力だ。生態系全体が太陽エネルギーで動いているんだ」とイーロンは力説していますし、その考えをストレートに実現するのがソーラーシティというわけなのです。


さらにもう一つ、2016年には脳科学関連企業として「ニューラリンク社」を起ち上げます。

ニューラリンク社が開発を目指す「人間の脳とコンピュータが直接やりとりするシステム」というのもまた奇想天外で、想像を絶する話ですが、もちろんイーロンは大真面目です。

ちなみに、ITの巨人グーグルは「人間を介在させず、すべてをコンピューティングで行う」という考えの下、技術開発を進めています。検索をはじめ、自動運転にも積極的に取り組んでいて、AIこそが彼らグーグルの最終ゴールと言えます。

そして、グーグル社がＡＩに１００％楽観的なのに対し、イーロンは「進みすぎたＡＩの存在は人類の脅威になる」とまったく異なる立場から、再三警告を発しています。

近年のＡＩは「指数関数的」に進化しています。「指数関数的」というのは、ネズミ算や倍倍ゲームを思いうかべるとわかりやすいのではないでしょうか。一つ興味深い例を挙げてみましょう。

戦国時代に豊臣秀吉は、ちょっとした手柄をあげた曽呂利新左衛門に褒美をやると言うと、新左衛門は「一日目は米1粒、二日目はその倍の米2粒、三日目にはその倍の4粒、四日目にはその倍の8粒を下さい」と言います。「日ごとに倍のコメを100日間下さい」と願い出たのです。すると秀吉は「そんなもんでいいのか、欲のないヤツだ」と快諾。

しかし、わずかな量に過ぎないと思っていた米が、100日後にはとんでもない量になることに秀吉は途中で気づき、「他の褒美にせぬか」と変えさせたという逸話があります。

実は、現代のＡＩにも似たような側面があります。今、私たちが「想像している進化のスピード」よりも、はるかに高速でＡＩは進化を遂げ、私たちが想像もつかないモンスターになる可能性があるのです。倍倍ゲームの恐ろしさに途中で気づいた秀吉は即座に手を打ちましたが、このままＡＩが指数関数的に進化すれば、「人々が気がついたときにはすでに遅い」という状況になる危険性は十分あります。

イーロンはまさにそこを警戒していて、そんなＡＩに対抗するには「人間の知能レベルが飛躍的に向上する必要がある」と考え、ニューラリンク社を起ち上げたのです。
イーロンの信念と好奇心が見事に融合したビジネス領域と言えるでしょう。

人類にとって必要だと思うことには、ためらうことなく手を伸ばしていく。

それがイーロンの基本姿勢です。
彼が手がけるそれぞれの事業が、いつ、どんな展開を見せ、私たちの生活にどのようにかかわってくるのか、それは誰にもわかりません。しかし一つ言えることは、イーロン・マスクという人間には、儲かるかどうかではなく、人生をかけてやらねばならないことかどうかが重要なのです。

聖人君子ではない

壮大な目標を掲げ、爆走を続けるイーロン・マスクですが、決して誰からも愛される聖人君子というわけではありません。

部下の手柄でも自分がすべてやったように言ってみたり、感情に任せて「くそったれ！こんなこともできないのか」と怒鳴り上げたりすることも珍しくありません。

相手の立場や状況をよく考えずに発言するのは、部下に対してだけでなく、外部の人にも同様です。ある時、商談に来た設備会社の営業マンに向かってイーロンはいきなり「どうして会わないといけないんだ」と問い質し、周りを慌てさせました。別の時は、連邦航空局の役人を馬鹿呼ばわりしてヒンシュクを買ったこともあります。相手が役人だろうと役職が高かろうと「マヌケな奴はマヌケだ」というのがイーロンの捉え方。

そんな暴言王の尻拭いをする側近たちはたいへんです。

イーロン・マスクの発言は全米が注目しますから、本来なら、その内容は慎重に吟味されるべきものです。ところが、イーロンはスペースXやテスラの広報部門にあらかじめ指示を出し、準備をさせるという当たり前のやり方をすっ飛ばし、思いつきで行動を起こしてしまうことが少なくありません。このため、広報はいつも振り回されて、しかもミスは許されず、過度のプレッシャーにさらされ続けています。

イーロンと波長が合えば、彼の1000本ノックでも平然と受け止められますが、波長が合わなければ辞めていくしかない。事実、そんな人たちも大勢います。

それでもイーロンのビジョナリストとしての素晴らしさと、破格の行動力に周りの人たちが魅了されるのは事実です。スティーブ・ジョブズにも共通するところがありますが、万人に愛される心優しいリーダーでは、未来を切り開くことは出来ないということです。

脈々と受け継がれる「開拓者」のDNA

そもそも人間には「開拓者」と「定住者」という二つのタイプがあると私は思っています。未開の荒れ野に足を踏み入れ、命がけで切り開いてゆく開拓者。そして、開拓者が切り開いた土地で、教会や学校、病院を建てて家族を作り、暮らしを営む定住者。

ただ、もし世の中が定住者ばかりになれば、人口過密に陥り、いずれ暮らしが立ちゆかなくなるでしょう。一方の開拓者は、平穏な暮らしには満足できず、新しい地平へと冒険の旅を始めなければ気が済みません。地球上には、開拓者と定住者の両者が必要なのです。

もちろん、イーロンはとびっきりの開拓者です。

そしてイーロンだけでなく、彼の祖先たちもまた開拓者だったのです。イーロンの母方の祖父ジョシュア・ノーマン・ハルデマンは相当な変わり者で、冒険好きでした。

1930年代から40年代、ジョシュアはカナダの地で建設作業員やロデオ・パフォーマー、カイロプラクティックの専門家として働く一方で、自家用飛行機で北米を飛び回るような冒険好きでした。

自分の趣味で飛行機を乗り回しているだけならいいのですが、地元で成功を収めたジョシュアは、あるときカナダの役人が国民生活に過剰に口出しすることに我慢ならず、とうとう家族でカナダを去る決意をしてしまいます。

そして、新天地として選んだのが、一家にとって縁もゆかりもない南アフリカ。何をどう考えたら、北米から南アフリカへの移住を決意するのか、常人にはまったく理解できません。

南アフリカで落ち着くのかと思いきや、飛行機好きのジョシュア夫妻はアフリカからスコットランド、ノルウェーをまわる3万5千㎞を自家用飛行機で長距離飛行したり、オーストリアまでの往復飛行を敢行し、ある時は、カラハリ砂漠で幻の古代都市を探しあてようと1か月に及ぶ冒険旅行まで楽しんでいました。

なにはともあれ、南アフリカへの移住は（後にイーロンの母となる）娘のメイにエロル・マスク（イーロンの父）との出会いを提供することとなります。二人は結婚し、1971年にイーロン・マスクが誕生しました。

ところでイーロンは、幼い頃に祖母から「旅の途中で何度も死にかけた」という普通の家なら子供には聞かせたくない話を、よく聞かされていたといいます。そして、祖父が死んだのは72歳で、それは自家用飛行機の着陸練習をしていた時でした。滑走路に張ってあったワイヤーに飛行機の車輪が絡まって事故になり、頚椎骨折で死んだのです。72歳でこのような死に方をするとは、ある意味スゴイと言えるでしょう。そんな冒険家の血はイーロンにも確実に受け継がれているのです。

イーロンが南アフリカで生まれた後、カナダを経由してアメリカへ渡って行くのも、まるで先祖に導かれた運命のようにも感じます。

彼の活躍のすべてをDNAや血筋でかたづけるつもりはありませんが、イーロン・マスクという人間は、生まれながらにして「新しい世界を切り開いていく開拓者」ということが運命づけられているのかもしれません。

21世紀は開拓者の時代だ

現在、シリコンバレーの若き起業家たちにとって、イーロン・マスクは憧れの対象です。

しかし残念ながら、イーロン・マスクを超えるような人材はなかなか出てきません。

近年シリコンバレーでは「簡単に大金を稼ぐ」ということばかりに執着して、ドットコムバブル以降、本物のイノベーションは起こっていないと言われています。

グーグルもフェイスブックもツイッターも過去の遺産で食べているようなものですし、アップルも、ジョブズが生んだｉＰｈｏｎｅという〝カネの成る木〟にしがみついている様子です。世の中をあっと驚かせる革新はどこにも見受けられません。世界のイノベーションをリードしている印象があるシリコンバレーでさえ、そんな状況です。

だからこそ、イーロンのように次々と革新を巻き起こす経営者は極めて稀だと再認識させられます。

日本に目を向けてみても、新しい世界を切り開こうと奮闘している小さな企業はいくつかあるものの、大企業になればなるほど、新しいことへのチャレンジ精神が失われていると感じずにはいられません。もう何十年もの間、ひたすら安定のお湯に浸ったままです。

冒険心にあふれ、新しい世界を開拓していく企業。

現状に満足し、安定にしがみついて成長できない企業。

20世紀ならまだしも、21世紀の世の中で「定住者型企業」ばかりが増えていけば、いずれ社会は壊滅的な状態になります。

そうならないためにも、まずは社会全体に「開拓者」を応援する風潮が育って欲しいと思います。組織の中でも「冒険心にあふれ、新しい世界を開拓していく変わった人」を支持し、応援する風土が醸成されて欲しいと私は願っています。

たしかに、ほとんどの場合、そのような「開拓者タイプ」はみんなとの折り合いが悪いでしょうし、あっちこっちでトラブルを起こし、上司からは嫌がられるかもしれません。しかし、そんな人が世界をつくり変え、未来を創造するのです。

イーロン・マスクにはなれなかったとしても、そんな開拓者の小さな芽を摘み取るような人間にだけは、なって欲しくないと切に思います。自分が開拓者になれないのなら、応援者になるのもいいでしょう。コロンブスが大西洋に船出ができたのはスペイン王の応援があったからです。どれだけ優れた開拓者でも応援者なしでは船出はできません。

スペースXは、ファルコン打ち上げの成果に基づきNASAから資金を得ていて、これまでの総額は数千億円にも上ります。テスラは米エネルギー庁やベンチャーキャピタリストからの支援を多く受けています。さらに、資金面以外にイーロンには世間の声という無名の応援団もいます。

世界を変え、未来を創造するには、ひとつの成功に安住するのではなく、次の成功への挑戦を始めなくてはなりません。そして、次の成功を手に入れるには、常に荒れ地を切り開く逞しい開拓者精神を奮い立たせることが欠かせません。

しかも忘れてならないのは、開拓者には彼らの挑戦を支援する人々の熱い助けが必要であり、そんな応援団を作り出すのも開拓者型リーダーにとって必要なスキルだということです。

Rule

06 最後はトップがリスクを取る
――やり抜く組織はリーダーがつくる

イーロン、最大の苦境

スペースXにとって創業から4年目の2006年は「ファルコン1」の打ち上げ失敗から、次の打ち上げに向けて修正を続ける、本当に苦しい時期でした。

同じ頃、テスラは夢のスポーツカーとして「ロードスター」を発表します。販売価格10万ドル（約1000万円）という高級車でありながら、予約販売を開始すると、ハリウッド俳優のレオナルド・ディカプリオやブラット・ピットなどそうそうたる有名人たちが名乗りを上げ、たちまち話題になりました。

それだけ聞けば、「テスラは順調だったんだな」と思いがちですが、実情はとんでもありません。

ロードスターの販売予約を開始したのはいいものの、生産体制がまったく整わず、出荷の目処が立たなかったのです。設計的な問題も発生した上に、もともと量産体制を整えていなかったので、部品の調達から製造までのプロセスで、とにかくコストがかかり過ぎていました。もちろん、そんなことは初めからわかっていたことですが、端的に言えば、見通しが甘過ぎたのです。

予約金が集まっているとはいえ、ロードスターを出荷しないことには売上げが立ちません。当時のテスラは、取引先への支払いに窮するほど追い詰められます。

スペースXが打ち上げ失敗で苦しんでいた頃、そのすぐ隣では、テスラの財政が火の車だったのです。

すべての投資家が見捨てても、私がテスラを支える!

現在、イーロン・マスクはテスラの取締役兼CEOですが、当時のCEOは創業者の一人マーティン・エバーハードでした。このエバーハードと会長職だったイーロンとの関係がまた最悪で、二人の対立はテスラ社内に混乱をもたらします。

ロードスター出荷の目処が立たず、資金繰りにも苦しくなった頃、イーロン・マスクはエバーハードの経営手腕に疑問を感じてクビにするのですが、後にエバーハードはテスラとイーロンを相手取って訴訟まで起こしています。

当時のテスラは財政的にも組織的にもガタガタで、ゴタゴタ続きだったのです。

そんなゴタゴタが続いていると、ロードスターに5000ドル以上もの予約金を払っている人たちは気が気ではありません。予約台数は1200台に及ぶものの、出荷を予定していた2007年の秋になっても一向にその様子はありません。2008年の2月になって、やっと1台目が出荷できたという有様でした。

時代背景を思い出してみてください。

2007年といえば、サブプライムローン問題が発覚し、翌年にはアメリカの投資銀行リーマン・ブラザーズが倒産。世界中を巻き込んだリーマンショックがやってくる、ちょうどそんな頃です。

そんな時期に「予約金を納めた車が一向に納車されない……」となれば、「テスラは潰れるんじゃないか」「本当に、大丈夫なのか……」という話題で持ちきりになるのも当然です。

イーロン・マスクにしてみれば、右を向けばスペースXがロケットの打ち上げに失敗し、左を向けばテスラが瀕死の状態に陥っている。とんでもなく苦しい状況が続いていたのです。

ただし、そんなときでも、イーロンはトップとして毅然としていました。

「テスラの資金問題を心配する必要はない。たとえすべての投資家が見捨てても、私がテスラを支える」と言い切って、市場とテスラの現場に安心感を与えようとしました。

もちろん、この言葉に「強がり」が入ってなかったかと言えば、そんなことはないでしょう。

しかし、瀕死の企業を（それも二つも）抱え、世間の風当たりが強烈にきついなか、そこまでの覚悟を持って「自分が支える」と言い切れる経営者が世界にどれだけいるでしょうか。ここがイーロン・マスクの凄みなのです。「私はこれまでもこれからも決してギブアップしない。息をしている限り、生きている限り、事業を続ける」と言ったイーロンの言葉は象徴的でした。

一方、日本では問題が起きると「現場が勝手にやったことです」「私は知りませんでした」と社長が責任逃れをするシーンをたくさん見ますが、そんなことではトップの責任など取れません。現場がヤル気を失い、世間から見放されるだけです。本当の信頼を勝ち得ることはできず、世界をつくり変え、未来を創造することもできるわけがないのです。

逆境は乗り越えられると信じる。
問題が起きた時こそ、リーダーが前面に出る。

そんな覚悟を持った、ごくわずかな人たちが本当に世界を変えていくのです。

商品を世に出すまでに20年かかった男と、その理解者

どれだけすごい発明でも、それを商品にするには大変な努力とエネルギーが必要です。

ここでチェスター・カールソンという人物のエピソードを取り上げてみたいと思います。この名前を知っている人は極めて少ないでしょうが、彼が開発した技術の恩恵に与かっている人は極めてたくさんいます。

なぜなら彼こそ、コピー機を発明し、特許を取得した人物だからです。

今でこそ、オフィスにコピー機があるのは当たり前ですが、もしコピー機が発明されていなければ、世の中はまるで違っていたはずです。その意味では、チェスター・カールソンも未来を変えた一人と言えます。

そして、彼も例外ではなく、商品化までに筆舌に尽くしがたい苦労の日々を歩んでいました。

もともとチェスター・カールソンは特許事務所に勤めていました。特許の出願には同じ書類を何枚も作らなければならないので、その作業がとにかく面倒で、うんざりしていました。

「この面倒な作業を何とかできないものか……」

それがコピー機を発明する原点でした。

彼は自ら実験を始めます。いろんな材料を試したり、トナーの粉を自分で何度も試作したりしながら、ついにカールソンはコピー技術を完成させ、特許まで取得しました。この時カールソンは31歳。

ここまででも十分凄いのですが、問題はこの先です。この特許を生かし、商品化してくれる会社がなかなか見つからなかったのです。

かつて、ソニーの盛田昭夫さんが「発明と製品化の間には死の谷が待っている」と言いましたが、カールソンもまさに「死の谷」でもがき苦しみます。コピー機の特許話を持っていろんな会社を訪れ、売り込みましたが、どこも「そんなものはいらない」「誰が、そんなものを使うんだ」と言われ、門前払いの連続。

そうやって苦労すること、なんと20年です。その間にカールソンの生活は苦しくなり、貧困生活に陥ります。挙げ句の果てには、奥さんにも逃げられてしまいます。

それでもカールソンはコピー機の商品化を諦めませんでした。

そんな執念が実ったのか、あるとき彼はハロイドという会社のウィルソン社長と出会います。ハロイド社はもともと事務機器を扱う会社だったのですが、なかなか時代に乗ることができず、業績が伸びずに苦しんでいました。

カールソンのコピー機のデモを見たウィルソン社長は「何としてでもわれわれの手で商品化したい」と熱い思いがこみ上げ、同時に「相当な時間がかかるだろう」と覚悟を決めたのです。

ハロイド社は開発人員をコピー機開発に振り向け、資金も投入して進めましたが、簡単にはいきません。ウィルソン社長の熱意とは裏腹に、次第に社員たちだけでなく、経営幹部のほぼ全員が、コピー機への社長の入れ込みように不信と不安を抱くようになりました。ハロイド社がコピー機の商品化に投じた額は、10年間の利益を合計したものを超えていましたから、「取締役たちが正気なら、コピー機の商品化という計画をボツにするのが当然だ」と言い捨てた社員までいました。

しかし、そんな反論をはねのけ、すべての責任を背負ってウィルソン社長は突き進みます。そして、ついに世界初の普通紙複写機を完成させたのです。このときチェスター・カールソンは53歳になっていました。

コピー機の完成と時を同じくして会社名もゼロックスと改称し、初号機である「ゼロッククス914」はたちまち人気を博しました。後に、世界中に知られる大企業「ゼロックス」が誕生した瞬間です。

その後の躍進は凄まじく、会社の売上げは2年で2倍、9年で30倍にまで膨れ上がりました。

ところで、スティーブ・ジョブズが起ち上げたアップル社の急成長を表現する際、「売上げが10億ドルに達するまでのスピードが史上2番目に速い」とよく言われます。その1番目こそがゼロックスだったのです。

この奇跡とも呼ぶべき成功の要因は、チェスター・カールソンが20年もの間、決して諦めない心を持ち続けたことと、それを理解した企業トップがリスクを取って突き進んだことです。

テスラ車の自動運転で死亡事故が起きた時

今、大きな注目を集める「自動運転」は世界の自動車メーカーだけでなく、ITの巨人グーグルやアップルも参入して激しい国際競争を繰り広げています。その中でテスラの自動運転技術は世界の最先端を走っていて、２０１５年には自動運転機能「オートパイロット」を登場させました。

モデルＳには超音波センサー、レーダー、カメラなどが装備され、高速道路で車線を維持して走行する「オートステアリング」や、方向指示器を倒せば車線変更できる「レーンチェンジ」など、限定された機能ではあるものの、オートパイロットは話題となりました。

そして、全米には、新しいものが出れば使いたがるアーリーアダプターがたくさんいます。アレックス・ロイは、モデルＳでオートパイロットを使い、カリフォルニアからニューヨークまで、４０００kmを超える世紀の長距離ドライブを成功させました。その間、ロイはほとんどハンドルを握ることがなく96％は自動運転に任せ、その様子が動画サイトにアップされるや全米だけでなく、世界中が驚きました。

ところが、翌年にフロリダ州でオートパイロット走行をしていたモデルＳが、高速道路で前を横切ってきた大型トラックを避けられず追突。死亡事故を起こしてしまいました。非常に強い日差しの中で、車載カメラがトラックの大きく白い車体を認識できなかったのではないかと推論する人もいました。

「テスラのオートパイロットで死亡事故」のニュースは全米を駆け巡り、米誌「コンシューマ・レポート」は「安全性の改善が確認されるまで、オートパイロットを利用できないようにすべきだ」とすぐさまテスラに攻撃の矢を向け、自動運転への反対意見が膨れ上がりました。

トップのリスクの取り方というものがよく現れたのが、この時のイーロン・マスクの対応です。彼の取った態度は決然としていました。

「テスラのオートパイロットを使ってユーザーたちが走行した距離は合計約2億km以上になり、今回が初の死亡事故である。統計的には、米国では1・6億km走行で1件の死傷事故が起きており、それらを比較するとオートパイロットは人間よりも優れていると判断できる」と勇気を持って反論し、オートパイロットの使用継続と、さらなる開発を続けたのでした。

今の日本で、このような激しい世論やメディアの論調を敵にまわし、リスクを背負い、ここまで反論できる経営者がいるでしょうか。

イーロンはさらに「自動運転機能を正しく使った場合、人間が運転するよりも安全性は向上する。そのために、メディアの論調や法的な責任を恐れてリリースを遅らせることは道徳的に許されない」とまで言い切りました。これを聞いたオートパイロットの開発設計者たちはどんなに心強かったでしょうか。トップのリスクの取り方というものを教えられた瞬間でした。

すると2か月後、今度はミズーリ州でテスラのオートパイロットが運転手の命を救う事態が起きました。

弁護士のニーリーはテスラのモデルXに乗り、高速道路をオートパイロットで走行中、ひどい胸の痛みに襲われます。肺の血管に血の塊が詰まる肺血栓症だったことが後に判明します。

高速道路走行中、痛みに苦しむニーリーは運転を続けられなくなり、オートパイロットを使ってそのまま高速道路の車線を維持して走行。そのあと高速道路を降りて近くの救命救急病院まで、自分で何とか運転し、たどり着くことができました。

この時、もしオートパイロットがなかったら、無理やり走行を続け大事故を引き起こした可能性も十分にありますし、路肩に車を止め救急車を待ったにせよ、その間に症状が悪化すれば命の危険は避けられなかったでしょう。

「完璧なテクノロジーは存在しないけれど、普通の自動車より安全だ」とニーリーはテスラのオートパイロットに感謝しています。

死亡事故でわかるトップの覚悟

フロリダ州の死亡事故から1年余り経って、米国の運輸安全委員会（ＮＴＳＢ）は死亡事故の分析結果を報告しました。原因は三つあり、トラック運転手の急な運転行動、モデルＳを運転していたブラウン氏がオートパイロットに過度に依存していたこと。そして、テスラのオートパイロットは事故の起きた道路状況に適していなかったこと。

ＮＴＳＢの委員長は「テスラのシステムは設計通りに作動した」とした上で、「テスラは、想定した環境以外でもシステムを利用できる状態にしていた」と指摘。「自動運転システムがゆとりを与えすぎてしまったため、運転手の注意が運転操作以外に向いてしまった」と述べ、その結果、絶対に起きるはずのなかった衝突事故が起きてしまったと続けたのです。

追突時にブラウン氏はハンドルに手をかけておらず、ブレーキ操作もしていませんでした。オートパイロットで運転していたブラウン氏がハンドルに手をかけていたのは事故前の37分間のうち、25秒だけだったことがモデルＳに記録されていたデータから判明。その間、警告メッセージが7回表示されていたにもかかわらずです。

テスラは事故後、運転手が警告メッセージに正しく対応しない場合は、自動運転を停止させる機能を追加しました。

そして、死亡事故から約5か月後の2016年10月、イーロンは「テスラが生産するすべてのクルマに、完全自動運転に対応する〝ハードウェア〟を搭載します」と発表しました。

オートパイロットは「エンハンスト・オートパイロット」という進化版となり、完全自動運転（レベル5）に対応したハードウェア2・0では、サラウンドカメラを1台から8台に増設。最長250mまでの対象物が360度で確認可能になり、12個の超音波センサーをアップデートし、従来に比べ約2倍の距離まで探知ができ、物体の硬さや種類を判別できるようになりました。また、前方ミリ波レーダーは、霧や雨、雪といった悪天候での対象物の検出制度を向上させ、車載コンピュータは前世代の40倍以上の処理能力になりました。

しかし、それでも完全自動運転（レベル5）はまだ先ですが、ソフトウェアがレベル5を満足させるレベルになれば、ソフトウェアアップデートを行い、完全自動運転を楽しめる日が来るというシナリオです。

もちろん、それまでにテスラ車で事故や最悪の事態が起こらないとも限りません。イーロンとテスラは、その度に激しい批判に晒されることは明らかです。

しかし、彼はそれを覚悟で全ての責任を引き受け、エンジニアたちの尻を叩き、自動運転の技術開発を推し進めています。

新しい技術を開発していく時、不幸な事故に見舞われることはめずらしくありません。そして、日頃どんなに立派なことを言っていても、そういう時にこそ、トップとしての正体がバレてしまいます。

言い訳をし、責任を部下に押し付けて、逃げるのか。

それとも正々堂々と立ち向かい、部下たちをさらに鼓舞し、未来を目指して新たな一歩を踏み出すのか。

Rule

07

常識は疑え、ルールを壊せ

――既得権益の罪とワナ

業界の慣習を破る

新しい世界を切り開こうとする時、一番高いハードルとは何か。

それは「常識」や「慣習」だと私は思います。どんな世界にも、古くからの決まり事があり、常識によってガチガチに守られた既得権益者たちがいて、その人たちが変化に対して徹底的に反発してきます。

未来を創造する者にとって、これらは手強い存在で、四方八方から攻めてきます。

もちろん、イーロン・マスクも例外にはなりえません。

たとえば、テスラは電気自動車だけを作っている時点で、ガソリン、ディーゼル車を本丸にしている自動車業界では極めて異端な存在です。しかしそれだけでなく、販売方法も決定的に変わっていて、この販売方法がまた大きな波紋を呼んでいます。

通常、自動車業界では、車を製造するメーカーと、販売するディーラーははっきり区別されています。ご存じの方も多いでしょうが、トヨタやホンダ、GMやフォードといったメーカーが直接ユーザーに車を売ることはありません。メーカーはまずディーラーに車を売り、ディーラーがユーザーに売るというしくみが出来上がっています。

しかし、テスラはこの方式を覆し、自分たちの直営店での販売、あるいはインターネットでの販売を行っています。パソコンのクリック一つで1000万円もする車を買うというのもすごいですが、とにかく、テスラはディーラーを通さずにユーザーに直接車を売り、ユーザーから支持されています。

イーロンに言わせれば、「別にディーラーを通さなくてもお客さんに売ることはできるじゃないか」という理屈になるのですが、古い体質の業界ではこれがまかり通りません。

全米ディーラー協会は、最初のテスラ・ロードスターが発売された頃はまだまだ台数も限られていて、「たいした影響はないだろう」と高をくくっていました。

ところが、続いて発売された高級EVセダン「モデルS」が予想以上の売上げを記録するようになると、「このままでは、自分たちの存在が脅かされる」と一気に反発を強め、「ディーラーを通さずに販売するなんて違法だ!」と各州で法廷闘争をしかけてきました。

イーロンはもともとディーラーを通して販売する気などさらさらありませんから、真正面から受けて立ちます。現在も「テスラ対全米ディーラー協会」の果てなき戦いは続いています。

テスラの前に立ちはだかる巨大な敵「全米ディーラー協会」

実際アメリカでは、自動車メーカーが直接消費者に新車を販売することは州法によって禁止されています。

なぜ、そのような法律が定められているのか。

それ以前に、そもそもなぜ「メーカー」と「ディーラー」というややこしい線引きがされているのか。そのあたりから紐解いてみましょう。

古くは20世紀の初め、ヘンリー・フォードの時代に遡ります。

四輪自動車の創生期にはとにかくよく車が故障していました。どんな発明品も、最初から完璧のクオリティと耐久性を備えているはずはないので、もちろん車もいろんな故障が頻発していました。

そんなとき、すぐに修理をしたり、部品を取り替えたりしてくれる存在として、ディーラーが必要でした。もしメーカーが直接販売していたら、故障したときには遠くにあるメーカーまでいちいち持っていかなければなりません。これはかなり面倒ですし、現実的ではありません。

その点、全米各所に修理工場を併設したディーラーがあれば、ユーザーは何かあったとき「近くの買った店に連絡すればいい」「あの担当者にお願いしよう」ということになります。

こうした背景があって、ディーラーが不可欠な時代が長く続いてきたのです。

しかし、時代は変わりました。ヘンリー・フォードの時代とは自動車の品質、性能が比較にならないほど向上しているので、故障などまずしません。普通に運転している人なら、故障によってディーラーに行く機会など年に一度もないでしょう。

つまり、ディーラーの存在価値自体が根本から揺らいでいるのです。

また、これまで長い年月を経るなかで、全米ディーラー協会も何もしないできたわけではありません。何もしないどころか、自らの立場や既得権益を守るために、莫大な資金を集め、ロビー活動も積極的に行ってきました。

現在、全米ディーラー協会はロビー活動に年間何百万ドルもの資金を使い、選挙となれば、その十倍以上のお金を投入して「自分たちの息のかかった候補者たち」を次々と当選させています。民主党であれ、共和党であれ、全米ディーラー協会に支援されている議員はゴロゴロいるのです。

そうやって全米ディーラー協会は自らの影響力を強めてきました。事実、過去にはGMやフォードが「ディーラーを通さず、直販する道」を模索したことがありますが、その動きは全米ディーラー協会によって叩き潰されてしまいました。そのくらい全米ディーラー協会は大きな力を持つようになったのです。

そんな相手を向こうにして、イーロン・マスクは戦い続けているわけです。

松下電器も苦しんだ「販売ルート」の変遷

自動車業界に限らず、メーカーと販売店というのは、もともと微妙な関係にあります。「微妙な」というのは、ときに味方でありながら、時代が変わり、企業が成長していく過程では「大きな足かせ」にもなり得るからです。

かつての松下電器もこの関係に苦しんでいました。

松下電器には「ナショナルショップ」というナショナル商品を専門に取り扱う販売店が全国にありました。今は、社名もパナソニックに変わり、販売の主流が家電量販店に移って久しいのですが、この販売ルートの転換期には、やはりいろいろな問題が起こっています。

私が松下電器に入社したのは1981年ですが、ちょうどその時期、九州からは第一電器、関東からはヤマダ電機、そのほかカメラ系のビックカメラ、ヨドバシカメラがどんどん勢いを増しはじめて、販売ルートは完全に家電量販店へ移ろうとする時期でした。

消費者にしてみれば、松下の商品しか売っていないナショナルショップより、店舗が大きく、品数が豊富で、価格が安い量販店の方がいいに決まっています。

メーカーとしても、量販店が扱う数は桁違いに多いですから、営業効率もいいわけです。おまけに、ナショナルショップは店主1人と従業員2~3人といった小規模経営で、経営者の高齢化と後継者問題を抱えながら、パソコンなど新たに登場した製品技術を習得することは不得手でした。一方、量販店の若い店員たちは新しい商品の知識についても積極的に勉強してくれますし、セールストークも磨いてくれるので、こちらの方が非常にありがたい存在です。

もはや、ナショナルショップの優位性はほとんど消滅していたのです。

しかし、松下電器としても簡単に「ナショナルショップの時代はもう終わりです」とは言えません。なぜなら、昔からのつきあいがあり、恩や義理があるからです。

その証拠に、私が入社したときには、当時の松下の会長が「営業の王道はショップ店(ナショナルショップ）にある」と断言していたくらいです。

当然、ナショナルショップのオーナーたちにも「昔から松下を育ててきたのはオレたちだ」「ウチの親父が幸之助さんの無理を聞いて、支えてきたんだ」という自負があるので、何かと言えば、「どうして、もっとウチを優遇しないんだ！」「ウチに向けた販促をもっと積極的にやれ！」と本社に怒鳴り込んできます。

昔からの繋がりにより、そういった人たちには販売力以上の大きな発言力がありました。幸之助さん以降の松下電器の歴代社長は、販売店との対応にいつも苦慮していたのです。

MITの「不服従賞」？

「販売ルート」というのは、それ自体も時代とともに変化し、陳腐化していく宿命を持っています。商品やサービスが陳腐化するように、販売ルートもまた、時代の影響をモロに受ける存在なのです。

もちろん、テスラにとってカーディーラーは恩も義理もない相手ですが、米国の自動車業界全体で見れば、ディーラーが果たしてきた役割は決して小さくありません。

しかし、だからといって古い因習に囚われていては、新しい未来を開拓することはできません。「ずっと、こういうやり方でやってきたから……」「こういうルールが決まっているから……」ということでは前には進めないのです。

ビジネスを牽引するトップというのは、古い因習はもちろん、ときに業界のルールでさえも真っ向から否定し、戦わなければならない場面があるのです。

日本人は「慣習を大事にする」「ルールを守る」という意識が特に強いと思います。

しかし、「過去」に重きを置きすぎると、「現在」に適応できなくなり、「未来」に手が届かなくなるだけです。「役に立たないルールは見直す」「慣習から脱却する」。その勇気が必要になっています。

すると、米マサチューセッツ工科大学が、既存のルールを破ってでも社会を変革する素晴らしい取り組みに対して「不服従賞」という奇抜な表彰を設けて、多方面の話題となりました。

「不服従」を賞賛するとは、型破りでユニークな発想であり、この賞の発案者でメディアラボ所長を務める伊藤穰一氏はこんなことを語っています。

言われた通りのことをしているだけじゃノーベル賞は取れない。
アメリカ市民権運動は、市民的不服従なしには起こり得なかった。

もちろん、なんでもかんでもルールに反対すればいいというわけではありません。

しかし、自らの信念に従い、確固たる理想に向かって世界を変え、未来を創造する時、現状の常識やルールが立ちはだかることはたしかにあります。この賞に賛同し、資金提供を申し出た起業家リード・ホフマンはこういっています。

「既存のルールに立ち向かい、挑戦する人が、より良い未来を建設できるのです」

新しい発見というのは、それ自体が「過去の否定」なのです。それがノーベル賞級の発見となれば、「先達のすべての成果を否定すること」にも繋がります。ガリレオ・ガリレイがそうであったように、ノーベル化学賞を受賞した白川英樹さんもまた「プラスチックは電気を通さない」という誰もが疑わなかった根源的な常識を覆し、新しい世界を開いたのです。

ルールを疑い、常識に立ち向かう。
古い因習にしがみつく既得権益者をねじ伏せる。

これもまた、世界をつくり変え、未来を創造する者が持ち得ていなければならない、重要な条件の一つなのです。

イーロン・マスクがやっていることは、まさに、常識を疑い、ルールを壊し、新たな価値観を創出していくことばかりです。

常識を壊せば、そこから未来が見える

テスラのＥＶでは、ノートパソコンに使う汎用の小さなリチウムイオン電池を７０００個以上も束ねてひとつの大きなバッテリーのように制御しています。リチウムイオン電池はすでに世界で数多く量産され、品質が安定し、コストもこなれています。

しかし、このテスラの方法は、業界の掟破りでした。たとえば、日産や三菱自動車のＥＶは大きな専用バッテリーを独自開発して搭載しています。こちらがＥＶ業界の常識だったのです。

テスラ車は大量のリチウムイオン電池を搭載するために、重量が重くなってしまいます。それを解消するために、車体には軽量のアルミ素材をふんだんに使い、車全体の重量を抑える設計をエンジニアは見いだしました。アルミ素材をこれほど大量に自動車に使うこと自体、めずらしいやり方です。

スペースＸの最初のロケット「ファルコン１」では、ロケットエンジンはマーリン・エンジンと呼ばれる１基だけで打ち上げました。次に開発したロケット「ファルコン９」ではこ

のマーリン・エンジンを9基束ねて、ひとつの大きなロケットエンジンのようにして制御するという方法に挑戦し成功させました。これもまたロケット業界では掟破りでした。これまで宇宙ロケットで使っていたエンジンは、大きな出力のエンジン1基で打ち上げる。もしくは、エンジンを束ねてもせいぜい3基程度まで。それが常識だったのです。

さらに、ロケットは「カスタムメイド」が当たり前でした。ロケットの1段目は固体燃料で、2段目は液体燃料、エンジンも構造も別々で互換性はなく、製造メーカーも違っているのがロケット業界の常識でした。

ところが、イーロンはカスタムメイドを否定して、「ロケットを量産する」と公言。ここでも常識に挑みました。

家電や自動車を作るように、ロケットも量産すれば安くなるはずです。1段目ロケットにも2段目ロケットにも、同じエンジンを使い、同じ液体燃料を使う。部品の設計を共通化し、同じ生産設備で部品を大量に作れば、部品コストは格段に安くなります。

さらに、生産設備も同じ設備を増設すればいいので、設備コストも安くなる。家電業界では常識のことが、ロケット業界では、絶対ありえない非常識なものだったのです。そこにイーロンは風穴を開けました。

一方、ロッキード・マーチンとボーイングの合弁ULA（ユナイテッド・ローンチ・アライアンス社）など旧来のロケット企業は、ロケットを社内で作るのではなく、多くを外注していました。それは、下請け、孫請け、孫孫請け、と外注の階層が4つにも、5つにもおよび、しかも、各階層の企業が利益を乗せるので、全部合わせればとてもコストの高いロケットとなったのです。

しかし、「ロケットは高くつく」ということ自体が業界の常識で、NASAもそれを認めていました。他の業界ではあり得ない話ですが、宇宙ロケットの業界においては「コスト意識」そのものがないに等しい状態だったのです。

ところが、スペースXはエンジンから、燃料タンクから、ロケット本体から、宇宙船まで、すべて内製しています。このような垂直統合型は、民生品の場合ではコストが高くなると考えられますが、ロケット業界では垂直統合にした方が製造コストは下がる。そのことをスペースXは実証したのです。これも常識破りでした。

極めつきは、ロケットの再利用です。一度打ち上げたロケットを地球に戻し、もう1回利用できれば、ロケットコストは2分の1になります。10回再利用できれば、10分の1になるのですが、こんなわかりきったことに挑戦した宇宙ロケット企業はありませんでした。なお、スペースシャトルは再利用を目指しましたが、事故が続出し、その対応のためにコストがかさみ、使い捨てロケットよりもはるかに高いロケットになってしまったのです。わざわざロケット再利用をしても、ロケットコストが上がっては意味がありません。

もし未来というものが、今日の単純な延長の先にしかないのであれば、増え続ける人口と地球環境の破壊によって人類は生きることが難しくなってしまう、そんな日が到来しかねません。

今あるルールを疑い、常識に立ち向かう行動を始めなければ、輝く未来への扉は閉ざされてしまうでしょう。

もしかしたら、常識にとらわれないスペースXのやり方が、火星ロケット計画を実現させ、地球や人類が抱える問題を一気に解決してしまうかもしれないのです。

Rule

08

すべてを、ハイスピードで実行する

――頭脳とフットワークの両輪を回す

スピードのあるジェネラリスト

イーロン・マスクを表す言葉のひとつに「スピード」があります。

短時間でものすごい量の知識や情報を吸収する能力は、驚異としか言いようがありません。

さらに、意思決定においてもハイスピードでやってのける経営者です。

イーロン・マスクは、わからないことがあると、現場のエンジニアを質問攻めにします。

かつてスペースXで働いていたエンジニアはこんなことを語っていました。

「僕に質問をふっかけることで、彼自身が勉強していたんですよ。あの人は、こちらの知識を90％くらい奪っていくまで質問をやめませんから」

このエンジニアはさらっと話していますが、宇宙工学の専門家を向こうにして「相手の9

割の知識を身につけるまで質問をやめない」というのはイーロンの特質をよく表しています。しかも、ダラダラと質問を続けるのではなく、短時間で密度の濃い質問をぶつけるのです。スピードを重視するイーロンの姿勢は就職面接の質問にも表れていました。スペースXへの就職を希望する学生に対しこんな質問が投げかけられました。

「もしイーロンから、1週間でこのパーツを100個以上用意して欲しいと言われたとする。ところが、メーカーは『3か月は必要だ』と答えてきた。この時、君はどうするか」

学生がどう答えたかはわかりませんが、まずは面食らって、しかし、直ちに頭をフル回転させたことだけは確かでしょう。

専門家を束ねる指揮者となる

宇宙ロケットを開発する場合、専門性の高い領域が数多く存在しているため、それぞれが細かなセクションに分かれています。ロケットエンジンを開発している部門もあれば、燃料タンクを専門的に扱っているエンジニアもいる。耐熱シールドを改良する部門もあれば、動きを制御するためのプログラミングを専門にしている人もいます。

そもそも、イーロンの場合は物理学の基礎知識があるとはいえ、電気自動車にしろ、宇宙ロケットにしろ、はじめはまったくの素人でした。にもかかわらず、現場に入り込み、質問を浴びせ議論を交わしながら驚くべきスピードで知識を吸収し、本質を掴んでいきます。

すると、どうなるか。総合的にロケットのことを一番理解しているのはイーロン・マスク自身ということになるのです。

ちょうどオーケストラの指揮者と同じです。指揮者は、バイオリンやフルートを専門家以上にうまく演奏できるわけではありませんが、それぞれの楽器のリズムや音色の特徴などを詳しく把握し、全体の調和を考えて指揮をすることで「1＋1」を2以上にした演奏力を導き出します。

イーロンの置かれたハイテク業界は、いわば楽器と演奏者がどんどん進化し、増えていくので、それだけハイスピードで知識をバージョンアップしながら、自分の解釈を加え、新たな演奏にランクアップさせていかなければなりません。

ロケット開発のスタート時、イーロンは素人でしたが、猛烈なスピードで、ハイレベルの知識を身につけ、瞬く間に相手がNASAの専門家だろうが、ひるむことなく議論を戦わせるレベルになりました。そして、相手を論破してしまうほどの知識を持ち得るようになったのです。このスタンスから学ぶ点は多いです。

ところが、多くの天才がそうであるように、イーロン・マスクも「バカが許せない」という大人げない困った素養も持っています。そのため、ときに相手がNASAのお偉いさんであっても忖度なしで「オマエはバカだ」と言い大問題になったこともあります。

それでも、ハイスピードな学習による高度な知識力は紛れもなくイーロンの武器の一つ。しかも一つの業界に留まらず、複数のジャンルのビジネスで、それを同時にやってしまうのですから驚きを飛び越えて、あきれてしまいます。

インプットに比べて「人間のアウトプット」は凄まじく遅い

イーロン・マスクは情報をすべて脳にインプットして、ほとんどノートを取らないと言います。

常人にはちょっと考えられない世界ですが、イーロン・マスクが「ニューラリンク社」で「脳とコンピュータを直接やり取りするシステム」を開発しようとしているのも、出発点の一つには「人間のアウトプットはばかばかしいくらいに遅い」という思いがあります。

前提として、イーロンにとって、インプット自体はものすごくスピーディに行われているということです。

しかし、それをアウトプットしようと思うと、とんでもなく時間がかかる。スマホなんかを使っていたら、1秒間に10ビットくらいしか出力できません。書くにしろ、話すにしろ、人間の機能を（現状のまま）使っている限り、アウトプットには致命的な限界があるとイーロンは捉えています。

もし自分の脳内で起こっていることを、ものすごいスピードでアウトプットし、コンピュータと瞬時にやりとりできれば、それはとんでもない革新を生む。

それがイーロン・マスクの発想です。

逆に言えば、そのくらいイーロンのインプットスピードは人並み外れて優れているということです。

少年時代のイーロンはとにかく本の虫で、休みの日は一日で2冊の本を読破していたと言います。小学3、4年の頃には、学校の図書館はおろか、家の近くにあった図書館の本まで読み尽くし、「読む本がないので、新しい本を入れてほしい」と要望したこともあるほどでした。

また、イーロンは10歳の頃、初めてコンピュータに触れ、それ以降プログラミングの虜になっていくのですが、通常は6か月かけて学ぶ手引書を、三日三晩一睡もせずに読破し、プログラミングの基礎をマスターしてしまったことからも、幼くしてハイスピードで学ぶ能力を身につけていたことがわかります。

誰もが熱中した「プログラミングの時代」

スティーブ・ジョブズがアップルⅠを登場させた1976年から10年ほどはハードウェアの時代でした。

しかし、やがて世の中はソフトウェアの時代、まさに「プログラミングの時代」へと移っていきます。イーロン・マスクが最初の会社Zip2を起ち上げたのはマイクロソフトのウィンドウズ95が世に出たその年でした。

マイクロソフトのビル・ゲイツやグーグルのセルゲイ・ブリン、フェイスブックのマーク・ザッカーバーグなど、彼らを繋ぐ共通項はすべてプログラミングができるという点です。

プログラミングのスキルをベースにして、どんなアイデアで世界を驚かし、ビッグマネーを生み出すか。そんなことを競い合う時代は今日まで続いてきました。何と言ってもプログラミングはお金がかかりませんから、能力と情熱さえあれば、どんな人にも成功のチャンスがころがっています。

たとえば、ペイパルの共同設立者であるマックス・レブチンはウクライナからの移民で、家は貧しかったのですが、近所に落ちていたパソコンを拾ってきて、それを組み立て直してプログラミングを学び、暗号化技術を身につけてしまいました。

ご存じビル・ゲイツも中学校時代からの友人だったポール・アレンとプログラミングに熱中します。彼らは高校時代にはすでにさまざまなプログラムを組んで、州政府や企業に売り込んでいます。それが後にマイクロソフトとなっていくわけです。

能力と情熱を持つ若者にとって、プログラミングは大金を生む「打ち出の小槌」だったのです。

余談ながら、マイクロソフトがこれだけの大企業となり、ビル・ゲイツが大金持ちになったのには、一つの大きな要因がありました。

もちろん、彼が優れたプログラマーだったからではありません。プログラミングの能力に長けていたことは事実ですが、それ以上に彼は「どこが金になるのか」を見抜く卓越したビジネスセンスを持っていたことです。

１９７０年代、シリコンバレーには「ホームブリュー・コンピュータ・クラブ」というコンピュータを趣味にする人たちの集まりがありました。パソコンオタクが集まるオフ会のようなものです。

そこには後に「アップルⅠ」「アップルⅡ」を開発したウォズニアック（通称ウォズ）も参加していました。ウォズの場合は、天才的なプログラマーでありながら「金儲け」なんてことは微塵も考えていませんでした。心優しく善良なウォズは「自分が開発したソフトウェアをみんなが使ってくれたら嬉しい」と思い、無料で使わせていました。

ところが、その状況に喧嘩を売ったのが、当時21歳のビル・ゲイツでした。

ゲイツはウォズとはまったく性格が違いました。「ソフトを無料で使うなんてとんでもない。ソフト開発にもお金がかかってるんだ」と憤慨し「君たちはソフトウェアを盗んでいる！」とばかりに『ホビイストへの公開状』を公表し糾弾しました。このときゲイツが問題にしたのは、自分たちが開発したアルテア用のＢＡＳＩＣプログラムでした。ハーバード大の授業をそっちのけで、アルテアの実機もないのに丸3か月間猛スピードでプログラミングを書き上げたゲイツもまた、スピードにこだわる人物でした。

この『ホビイストへの公開状』を見た人々は、「ゲイツって若僧は、強欲だ！」「ふざけたことを言うな」と批判が山ほど噴出しましたが、ビル・ゲイツの大胆な行動によって「ソフトは有料だ」という常識が世の中に広がっていったのです。

もし、ビル・ゲイツが現れず、ウォズのような善人の発想が広がっていたら「ソフトは無料」「みんなの共有財産」というのが現代の常識になっていたかもしれません。

そういう意味では、ビル・ゲイツも世界をつくり変え、未来を創造した一人と言えるでしょう。

21世紀を生きるすべてのビジネスパーソンに求められること

ビル・ゲイツやザッカーバーグが武器とし、プログラミングが世界を席巻した時代も、いまや大きく変わろうとしています。

新しいアイデアやビジネスモデルを思いついた際に、プログラミングをすることはもちろん必要です。

しかし、今やAI時代に突入し、AIを設計するような高度なプログラマーを除けば、ふつうのプログラムはAIが勝手に組んでくれる時代に入ろうとしています。「すべてのプログラムは、プログラマーが作る」という時代ではなくなっています。

ここにきて日本では「小学生全員にプログラミングを教えよう」という動きが出てきていますが、「基礎的な構造を理解する」という目的はいいとしても、時代的には完全に遅れています。そもそも、プログラミングを教えられる先生の数が絶対的に不足している問題を解決しないと、生徒は迷惑するだけです。

ところでこれから先、プログラムを作る技能に代わるスキルセットは何になるでしょうか？

残念ながら「次は、このテクノロジーの時代だ」と明確に言えるほどの状況にはまだなく、はっきりとしたスキルセットが見出されているわけではありません。

ただし、そう遠くないうちに、世界を席巻するようなテクノロジーが登場し、それに絡んでまったく新しいスキルの必要性が叫ばれるようになるはずです。

そんな〝新しい世界〟が見え始めたとき、大事なこととはいったい何か。

それは「ハイスピードで学び取る」能力です。

イーロン・マスクの経営を見ていると、スピードの重要性がわかりますし、それは学習だけでなく、意思決定でも同様だと気づかされます。会議ばかりを重ねているようでは時代のスピードに取り残されます。短時間で集中的に考えて、素早く決定し、直ちに行動に移す。もし結果が失敗となっても、そこから短時間で学び、間髪をいれずにフィードバックを行い、さっさと次のステップに進んでしまう。そのサイクルをハイスピードで行うのがイーロン流です。

激動の21世紀において、新しい事業を起ち上げ、成長させていくには、これまで以上のスピードが必要となるでしょう。

ＩＣＢＭを買いに、ちょいとロシアまで……

ここではイーロンがＩＣＢＭ（大陸間弾道ミサイル）を買いにロシアに行った話をします。スペースＸを創業する前のイーロンは、ロシアからＩＣＢＭの中古品を買って、宇宙ロケットに転用して打ち上げようと考えたことがありました。「えっ?・」とビックリするかもしれませんが紛れもない事実です。

スピード重視のイーロンは、ロシアに人脈を持つジム・カントレルに白羽の矢を立て、まもなくもう一人の同行者を加え、３人でモスクワに飛びました。

そこで、ロシアの宇宙関連企業と会談を行ったのです。「ＩＣＢＭが購入できるのか」について気長な交渉などする気もないイーロンはダイレクトに「いくらするのか」と質問を放ちました。このときイーロンはＩＣＢＭを3基購入することを考えていたそうです。

イーロンはロシアに行く前からロケット開発について専門書を何冊も読み、様々な専門家たちから数多くの情報を入手し、自分の頭で計算を行ってからモスクワ訪問に臨んでいました。

さて、会議でのロシア側の答えは「1基800万ドル!」。するとイーロンは「2基で800万ドルにならないか」と値切ってみたのですが、ロシア側は「若僧にそんな金はないだろう」とばかりの上から目線で、「2基で800万ドルなんて、ノーだ」と拒否されてしまいます。

厳冬のモスクワでの会談の雰囲気は、外の気温より寒く最悪で、イーロンは腸が煮えくり返る思いで会議室を出て行きました。

モスクワでの会議が不首尾に終わったイーロンたち一行は、飛行機に乗り込み、運ばれてきた飲み物で乾杯でもしようとしたとき、ジムがふと前の席のイーロンを見ると、なぜかPCのキーボードを一心不乱に打ち込んでいました。

しばらくするとイーロンは、後ろのジムたちに振り向き、ノートPCを差し出して「こういうロケットなら自前で造れると思うけど」と言うと、数字がびっしり書き込まれた画面を見せました。同行していた2人は画面の中に、ロケットの製造から打ち上げ、材料コストなど、こと細かな計算が書き込まれていたことにビックリ。ジムは思わずこう尋ねたのです。

「イーロン、一体こんな情報をどうやって手に入れたんだ?」

じつはイーロンは、会議で相手に激論を仕掛けながら、一方で別のことを考え、脳みそをハイスピードでフル回転させていました。議論の中からも知識を吸収し、頭の中で自分の論理を展開し、いくつかのアイデアに到達させる。それはイーロンの得意ワザです。

イーロンの強みの一つは、ハイスピードで複数のことを並行してやる能力です。それを典型的に表しているのが、スペースX、テスラ、ソーラーシティ、ハイパーループ、ニューラリンクと複数の事業を並行して、猛スピードで推し進めている現実です。

輸送中に「ファルコンロケットの機体」がへこんでしまった

イーロンのスピードにこだわる姿勢は、時に失敗も招きます。

苦労して作ったファルコン1の打ち上げ場所は、南太平洋のクェゼリン環礁に浮かぶオメレク島のロナルド・レーガン弾道ミサイル防衛試験場でした。このような場合、船をチャーターしてロケットを運ぶのですが、船ではとても時間がかかってしまいます。

そこでイーロンは、軍事用の大型貨物航空機をレンタルしてファルコンを載せ、ロサンゼルスからハワイまで飛行機で運び、そこからオメレク島まで船で運搬することにしたのです。スピード重視の彼らしい決定です。

ところが、飛行機の中は、当然のことながら機外より気圧を高く設定しています。ファルコンロケットの機体の厚さは3ミリ程度しかありません。

飛行機が空港に向けて降下していると、機内に同行していたスペースXのエンジニアが、変な音が聞こえてくるのに気づきました。ファルコン1に目をやると機体が気圧でつぶれかかっていたのです。ファルコンの機体内部の気圧と、飛行機内の気圧に差が生じたことが原因でした。

エンジニアたちは、大慌てでレンチでロケットのナットを緩めるなどして、気圧差を調整しながらハワイになんとか辿り着いたのですが、へこんだファルコンの修理には2週間かかってしまいました。

スピードを求めるイーロンの失敗でした。

ただ、2週間で修理できたのは、ロサンゼルスの真夜中に問題発生の連絡を受けたイーロンが、応援チームを直ちに作り現地に急行させ、突貫工事で修理を敢行したからです。そうでなければ、修理に3か月はかかっていたでしょう。

短時間で知識と情報を吸収し、短時間で深く考え、瞬く間に結論を出す。誰にでもできるスタイルではないでしょうが、未来という不確かなものを確かなものにするためにはこのようなハイスピードの思考スタイルがどうしたって求められるのです。

Rule

09

相手が強敵でも、怯まず戦う

――攻撃は合理的かつ客観的に

ニューヨークタイムズとの戦い

イーロン・マスクの活躍には、常に「戦い」がつきまといます。

スペースXで宇宙ロケット開発をすれば多くの業界関係者を敵に回し、テスラで電気自動車を作れば、全米ディーラー協会はもちろん、ガソリン車を支持する団体とも徹底して戦わなければなりません。石油利権に絡む人たちにしてみれば「世界中の新車をEVにする」と宣言しているイーロン・マスクは、許し難い敵というわけです。

しかし、そんな彼らとは違った「武器」を持つ強敵もイーロンの前に立ちはだかります。公正中立なはずのマスコミです。

2013年、ニューヨークタイムズは「テスラ・モデルSを運転していたが、途中でバッテリーが切れ、レッカー車を呼ぶことになった」という衝撃的な批判記事を掲載しました。テスラが提供している急速充電システム「スーパーチャージャー・ステーション」で充電をして、東海岸のニューアークから約200マイル離れたコネチカット州ミルフォードを目指してモデルSを運転したという体験記事です。

記者が乗り込んだ車のスペックでは一回のフル充電で265マイルの走行が可能。つまり、200マイル先のミルフォードまでなら十分に走破できる計算でした（制限速度65マイルで走行することが条件）。

ところが、記事によると次のような事態が次々と起こってきます。

- 実際に走ってみると途中の段階でバッテリーの減りが激しく、時速制限65マイルのところを54マイルで走行しなければならなかった。
- 外気温は零下だったが、バッテリーの消耗を気にしてエアコンを「低」にせざるを得なかった。
- それでも目的地に到達することができず、最終的にはバッテリー切れでレッカー車を呼んだ。

これが事実なら、とんでもない話です。

この内容がニューヨークタイムズにばっちり掲載されてしまうのですから、多くの人が「テスラのモデルSは使えない」と思ったでしょう。

データをもとに理詰めで反論していく

このような状況の時、バリバリ理系のイーロンは、とにかく理詰めでデータを示しながら反論していきました。

モデルSはインターネットと常時接続し、すべてがコンピュータ制御された、言わば「走るコンピュータ」なので、走行ログがばっちり残っています。走行スピードや充電状態など、あらゆるデータを後から確認することができるのです。

そのデータを詳細に検証した上で、イーロン・マスクは「これでもか!」とばかりにニューヨークタイムズの記者の矛盾点を突いていきます。

まず記者は「バッテリーが切れてレッカー車を呼んだ」と書いていたが、実際には「充電が切れた」というログは残っていない。また、「54マイルで走行した」という話についても、実際には「65~81マイル」で走行していたことがわかっている。それだけバッテリーを消耗する走り方をしたということです。

そして、もっとも重要なバッテリー消費については「もともとが100%の充電状態になっていなかった」というデータを相手に突きつけたのです。

これだけの情報を並べた上で、「この記事は、初めから悪いレビューを書こうという悪意に満ちていた」と記者を厳しく批判しました。

イーロンの主張に対し、最初こそ強気の発言をしていたニューヨークタイムズでしたが、ここまで事実関係が明らかになると、世論がイーロンを支持するようになってきます。そうなるとマスコミは弱いもので、最終的には「記事は正確さに欠け、適切な判断がなされなかった」というコメントを掲載しました。

このエピソードはイーロン・マスクの反論スタイルをわかりやすく示した好例です。

相手が誰であれ、言うべきことは言うし、戦うべき時は戦う。

これはイーロン・マスクの変わらぬ姿勢であり、世界をつくり変え、未来を創造する者にとって、欠かすことのできないスタンスです。

「エンタメの巨人」を相手に一歩も引かなかった盛田昭夫

ソニーの創業者の一人で英国から名誉大英帝国勲章を贈られた盛田昭夫さんもまた「戦うビジネスマン」でした。ソニーは米国で一番早く認められた日本企業と言われ、「ソニーは米国の企業だ」と思い込んでいる米国人はたくさんいます。

そんなソニーの闘いというと1970年代半ばの「ベータ 対 VHS」を思い浮かべる人が多いかもしれませんが、同じ頃、ソニーはアメリカで家庭用ビデオに関する熾烈な戦いを繰り広げていました。

当時、アメリカでは「刑事コロンボ」と「刑事コジャック」という二つの『刑事モノ』が人気を博しており、多くのアメリカ人が視聴を楽しみにしていました。ところが残念なことに、この二番組の放送時間は同じ曜日の、同じ時間。

ソニーにしてみれば、格好のビジネスチャンスでした。

そこで、盛田さんらは「ソニーのベータマックスを持っていれば、コロンボを見ても、コジャックを見逃すことがなくなります」というCMを作り、放送しました。アメリカ国民にとって、願ってもない夢の機器が登場したというわけです。

ところが、これに激怒したのがハリウッドでした。

映画にしろ、ドラマにしろ、テレビで放映したものを録画できるとなると、人々が映画館に映画を見に行かなくなる。そう考えたハリウッドの映画会社は「著作権の侵害だ」と訴訟を起こしたのです。

米国の巨大企業に訴えられた時、日本企業のよくあるパターンは、尻尾を巻いて逃げるか、謝るか。運が良ければ示談という具合です。

しかし、ソニーの盛田さんは違いました。「示談などしません」「法廷闘争します」ときっぱりと言い切ったのです。

戦う相手はユニバーサルやウォルトディズニー。法廷社会の本場アメリカで何度も修羅場をくぐり抜けてきたエンターテインメント界の巨人です。

もちろん、彼らは法廷で「ソニーがやっていることは、違法コピーだ！」と主張します。これに対して、盛田さんたちは「これはコピーではない。タイムシフトだ」と反論したのでした。つまり、8時に放映されている番組を、10時に観るだけのことであって「コピーではなく時間を移動した、〝タイムシフト〟に過ぎない」というわけです。タイムシフトというアイデアは秀逸でしたが、むしろこの先が圧巻でした。

もともと、このホームビデオ論争は「日本 対 アメリカ」という構図で当初マスコミは捉えていました。日本企業がアメリカのビッグカンパニーにケンカを売っているのですから、そう捉えられるのも当然ですし、マスコミもそう煽ります。
しかし、盛田さんは次のように訴えたのです。

「これは日本対アメリカの話ではありません。ソニーのベータマックスを使えなくなることで、もっとも不利益を被るのは誰でしょうか。それはアメリカ国民です。つまり、これは自分たちの権利を守ろうとするハリウッドと、映画やドラマを楽しみたいと願う純粋なアメリカ国民との戦いなのです」

このメッセージはアメリカ国民に刺さりました。盛田さんは、マスコミの前にも自ら出ていってソニーの主張を伝え、米国のさまざまな場所で行われる討論会にも出席し、英語を駆使してスピーチを行い、米国市民の心に訴えかけました。そうやってソニーへの理解を求めていったのです。草の根の活動が米国では大きな力を持つということを盛田さんはよく理解しており、この地道な活動が世論をソニーに引き寄せます。

結果、地裁ではソニーの勝利。しかし、二審ではハリウッドが勝利します。
そして、いよいよ最高裁に持ち越されるのですが、通常、最高裁は二審での判決が支持されます。今回のケースでも「ソニー不利」と思われましたが、最終的には「5対4」でソニーに軍配。逆転の大勝利でした。

そんな激戦の末に、ソニーの家庭用ビデオは爆発的に普及していったのです。

もし、あのとき盛田さんがハリウッドを相手に真っ向から戦うことをしなかったら……そして、米最高裁がソニーに軍配を上げなかったら、現在はまったく違う世の中になっていたかもしれません。盛田昭夫もまた、未来を変えるための戦いに挑んだ一人なのです。

米国防総省や公正取引委員会まで敵に回す

スペースXの周りには巨大な宇宙産業企業がひしめいていますが、イーロンはそんな相手に対しても怯むことなく戦いを挑みます。

2005年、ボーイング社とロッキード・マーチン社が手を結んでULA社（ユナイテッド・ローンチ・アライアンス）の設立を発表すると、イーロンたちスペースX社は「反トラスト法に違反する」と提訴に踏み切りました。ボーイングなどの強力な後ろ盾を持つULA社が参入すれば、「ロケット打ち上げ市場の健全な競争を阻害する」とスペースXは主張したのです。

ところが、米国防総省ならびに連邦取引委員会の下した結論は「反トラスト法に違反しない」とつれないものでした。それはまるで、野球の試合で投手が投げた球が誰の眼にも明らかなストライクだったのに、審判が「ボール！」と判定したようなものでした。イーロンとスペースXのメンバーは、失望の谷底に落とされました。

しかし、この程度のことで諦めるイーロンではありません。

2014年、スペースXは「米空軍がULAと結んだ衛星打ち上げの長期契約は市場競争を妨げる」として連邦裁判所に訴訟を起こし、法廷で再び強敵に挑みました。

どんなに分厚い壁でも叩き続ければいつしかヒビが入る。スペースXの破格のコスト力は、国防に強い発言力を持つマケイン上院議員でさえ動かし、彼の口から「これまでの軍事衛星打ち上げ契約の見直しをすべきだ」との発言を引き出したのです。

事実、ファルコン9を使えば、米空軍が年間で10億ドルの節約ができる。これまでの実績だの、伝統だのを超えて、コストの力は絶大だったのです。

スペースXが起こした訴訟の結果、ULA社が10年以上独占していた軍事衛星の打ち上げは、入札方式に変更。まさに分厚い壁に風穴を開けた瞬間でした。相手が巨大だからと諦めていては、望む未来は決して手に入りません。そして実際、スペースXは2016年に空軍のGPS衛星の後継機の大型契約を獲得したのです。

ドラゴンV2で有人飛行へ挑戦

現在スペースXは自社開発のドラゴン宇宙船で国際宇宙ステーションへの物資補給を行っていますし、そのドラゴン宇宙船も、2017年から再利用を実施しています。

そして、その先にあるのは新開発中の有人宇宙船「ドラゴンV2」です。最大7人が搭乗でき、コックピットはSF映画に出てきそうな未来型デザインでシンプルにまとめられています。何といっても天井部から伸びたタッチ式操縦パネルは印象が強烈で、すべての操縦をこのパネルで行う設計です。

ドラゴンV2の大きな特徴は、イーロンが「地球上のどこへでもヘリコプターのように正確な着陸ができる」と言うように、離着陸可能な宇宙船という点です。

それを可能にするのが新開発の「スーパー・ドラコ・エンジン」。現在の「ドラコ・エンジン」の160倍以上の推進力を持つこのエンジンは2基を1組にして、機体周辺に90度間隔で配備します。これまでの宇宙船は、パラシュートを開いて地上や洋上に降下する「使い捨てタイプ」でしたが、ドラゴンV2は再利用可能になっています。

特筆すべきは、スーパー・ドラコ・エンジンの製造には「3Dプリンター」を用いる点で、

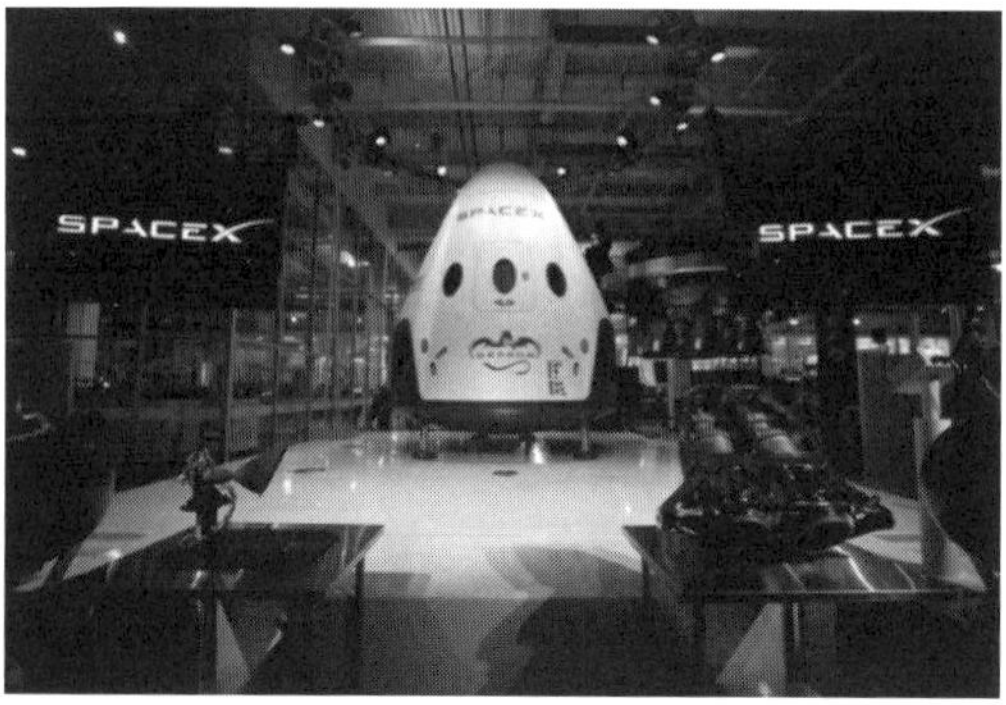

次世代友人宇宙船「ドラゴンＶ２」（有人飛行用）
出典：スペースＸ社 http://www.spacex.com/sites/spacex/files/1_dragonv2.jpg

これは世界初の試みです。材質は、耐熱性、耐腐食性などに非常に優れたニッケル‐クロム合金の一種のインコネル合金を使い、軽量で強力な推進力を実現する予定です。

しかし、そのドラゴンV2にも強敵がいます。ボーイング社が開発中の「CST100　スターライナー」です。搭乗人員は7人でドラゴンV2と同じですが、ドラゴンV2がエンジンで自由飛行可能なのに対し、CST100は従来同様にパラシュートを使います。このあたりが、新しい技術で未来を切り開こうとするスペースXと、まずは、こなれた技術で着実に成功を目指すボーイングとの違いです。

しかし、ボーイングは売上げ8兆円を誇り、アポロ11号を打ち上げたサターンVロケットからスペースシャトルまで手掛けたその実績は絶大です。

ところが、もっと手ごわい敵がスペースXの前に立ちはだかります。それこそが「有人飛行」です。

これまでスペースXは一度も有人飛行をやったことがありません。有人となると、これまでとは桁違いの安全性が要求されることは言うまでもありません。最先端の技術開発を行いながら、人命の安全性をいかに確保するか。それはマスコミや法廷での戦いとはさらに別次元の、そしてスペースXにとって最大の難敵となります。

それでも、「火星に人類を移住させる」と公言し、周りが驚くような成果を次々と挙げてきたイーロンに期待する声は多いです。

しかし、専門家からは「半年間も宇宙船の中で人間が耐えられるか」「宇宙放射線の影響は甚大だ」といったネガティブな意見も同様に数多くあります。「火星に行っても地球に帰ってこられないのではないか」「火星で人類は生活できるはずがない」。出来ない理由はいくらでも挙げられます。それほど困難なミッションですが、イーロンに悲壮な面持ちは見られず、あるのは揺るがぬ自信です。彼はこう言っていました。「私は悲観主義者でなく、未来に関して楽観主義なのです」。

現時点で、イーロンが本当に火星着陸を成し遂げられるかは、わかりません。ただ、わかっていることは、今後も数々の強敵がイーロン・マスクの前に現れること。そして、南アフリカから来たこの異端の経営者は、相手がどれだけ手ごわい強敵でも戦い続けるということです。

Rule 10

常にオープンであれ
――自ら「矢面に立つ」覚悟を持つ

すべてを公開して協力を得る

成功しても、失敗してもすべてをオープンにする。

これもまたイーロン・マスクの大きな特徴の一つです。オープンマインドが浸透するシリコンバレーで起業したイーロンにしてみれば当たり前のことなのでしょうが、「事実をすべてさらけ出し、本当のことを語る」というスタンスをテスラでもスペースXでも貫いています。

たとえば、スペースXのホームページには驚くことに、ファルコンロケットの値段が公表されています。こんなことは宇宙産業史上で初のことです。

また、本書でも触れたモデルSでのマスコミとの戦いにおいても「データはこうなっている」「だからここは間違っている」ということをすべてつまびらかにして、徹底した論理性を伴って論陣を張り、形勢逆転に成功しました。

その一方で、常にオープンであろうとすれば、自分に都合の悪い事実も出てきます。都合の悪いことはつい隠したくなる。人間の負の面です。

日本を見れば、東芝の粉飾決算や神戸製鋼の製品データの改ざん事件、三菱自動車の燃費偽装など、企業にとって都合の悪いことを隠していた事件が次々と発覚しています。都合の悪いことを隠す体質は、学校のイジメ問題にも見てとれます。

それは政治でも同じで、森友・加計問題の真相をひた隠しにし、真相を語る気などさらさらない安倍首相を支持する人たちはいるわけです。どうも日本社会は「都合の悪いことは何でも隠してしまえ」という風潮に流されているようです。

しかしその結果、失ったのは信頼です。

一方、イーロン・マスクは、オープンであることで世間から信頼を得ています。

スペースXは「これまでどれだけのロケットが着陸に失敗してきたか」をまとめた動画まで作成しオープンにしたのです。2017年9月に公開すると全米で話題騒然となりました。ロケット技術者に限らず、あらゆるエンジニアたちは自分の失敗なんて恥ずかしくて見たくもないものです。

その失敗動画集では、ファルコン9の一段目が洋上に直接着水を試み木っ端みじんになったり、エンジンセンサーが壊れてファルコンが空中で爆発したり、無人ドローン船への降下速度が速すぎてぶつかって爆発したり、ドローン船には着陸できたもののファルコンが倒れて大炎上するなど、とにかく悲惨な様子が次々と登場します。

ちなみに、そのバックにはジョン・フィリップ・スーザ作曲の『The Liberty Bell』という軽快な音楽が流れています。着陸失敗の映像とのコントラストは、もはや「自虐的な愉快さ」さえ感じてしまいます。

スペースXの技術を結集したファルコン9は、洋上への直接の軟着水に3度失敗しました。まず、2013年9月に着陸脚を装備したファルコン9を打ち上げました。2段目ロケットを切り離して、1段目ロケットのエンジンの再点火までは成功したのですが、その後、着水地点に向けて降下中にスピン状態に陥ってエンジン停止で失敗。

2014年4月には、1段目ロケットが洋上の直接着水に成功したかに思えたのですが、機体回収に手間取り、その間に機体が波の圧力で粉々につぶされ失敗。

結局、洋上でのロケットの直接軟着水は3度の失敗で諦めて、自社開発の無人ドローン船の甲板に着陸させる方法を考え出し、新たな挑戦をはじめました。無人ドローン船はエンジン装備で自動運転に対応し、甲板の広さは約90m×30m（最大52m）でサッカーのコートと同程度の広さを有します。

さて、2015年1月には、着水地点で待ち受けるドローン船の真上までファルコン9は降下することに成功したのですが、姿勢制御用のグリッドフィンを動かす油圧のオイルをそれまでに使い果たしてしまい、機体が傾いた状態で甲板に激突し炎上。

その後、ドローン船への着陸失敗は計5回におよびました。かなり楽天的な経営者でも、このあたりで「1段目ロケットを地球に戻して着陸させるなんて無謀なことは諦めよう」と言い出しそうなところです。

しかし、イーロンが諦めるわけはありません。

不屈のイーロンとエンジニアたちの血のにじむような努力が実を結び、2015年12月、陸上への着陸を見事に成功させました。

さらに、2016年4月には洋上の無人ドローン船への着陸にも成功。それらの様子もスペースXが公開した失敗動画集で誰でも見ることができます。

成功シーンはもちろんのこと、ロケット着陸の失敗シーンまでオープンにすることで、スペースXは、世論の関心と信頼を獲得するとともに、「スペースXは失敗を恐れない」という強いメッセージを発しているのです。

ところで、私は香港映画のスター、ジャッキー・チェンが主演するアクション映画が大好きです。ジャッキーのアクションは、たとえば十数メートルもある高い場所から飛び降りたり、敵からすごいスピードで繰り出される数々の矢をよけたり、とにかく人間離れしたシーンの連続です。そのアクション見たさに観客は押しかけるのですが、映画を観ていると、次々と繰り出されるアクションにハラハラしながらも、次第に「どれも成功して当たり前」と感じるようになってしまいます。

ところが、その感覚が一気にひっくり返るのが、映画が終わり、エンディングロールが流れる時です。ジャッキー映画の多くでは、アクションの「失敗シーン」が次々と流されます。着地に失敗して地面にたたきつけられ激痛に顔をゆがめるジャッキーと、慌てて彼のもとに駆け寄るスタッフたち。

そんな数々の失敗シーンを見た時に初めて、本編のアクションシーンがいかに大変な努力の結果生み出されたかということに気づかされるのです。

これと同じように、スペースXが公開した失敗動画集は、ロケット着陸を成功させることがいかに大変かということをわかりやすく教えてくれているのでしょう。

業界の外側にいる「大衆」を味方につける

そもそも、現代は「密室」が通用する世の中ではありません。自分に都合の悪いことを隠蔽しようとしても、必ずどこかから漏れ出します。東京電力しかり、秘書に暴言を吐く議員しかりです。

「自分に都合の悪いことを隠そうとする」ということ自体が、もはや時代遅れなのです。イーロン・マスクが徹底したオープンポリシーにこだわるのは、仮に業界が敵だらけだとしても、その外側に「ユーザー」あるいは「一般大衆」という強力なサポーターがいることを理解しているからです。

そして、彼らと繋がれる時代だからです。

イーロンが全米ディーラー協会と法廷闘争をしているときも、いかに相手が巨大な組織であろうとも、その外側には「環境破壊に対して問題意識の高い一般市民」がいて、彼らがテスラを応援してくれます。

往々にして、既得権益でガチガチの人たちというのは、見えないところで自分たちの得になることをコソコソやっているものですが、もはやそのモデルは通用しなくなりつつあります。

いいことも、悪いこともすべてさらけ出して伝えれば、業界の外側にいる大勢の人たちが味方になってくれる。反対に、何かを隠そうとすれば、その部分を大衆が突いてくる。SNSを始めさまざまなコミュニケーションツールが普及している世の中にあって、大衆の声は絶対に無視できません。

つまり、オープンであることは、それ自体、自らの身を守る最高の防御でもあるのです。

オープンにしたくないこともある

オープンにすることで信頼を得てきたイーロンですが、彼にもオープンにしたくない私生活がありました。

現在、イーロン・マスクはバツ2で現在独身、5人の男の子の父親です。

最初の妻はクイーンズ大学で知り合った小説家志望のジャスティンで、イーロンがペイパルで頑張っていた2000年に結婚しました。そして、イーベイがペイパル社を買った2002年にロサンゼルスに移り住んで長男をもうけましたが、愛児は10週間でこの世を去ってしまいます。乳幼児突然死症候群でした。

それでも、しばらくするとジャスティンは双子の男の子を身ごもり無事出産。さらにその後、3つ子の男の子にも恵まれました。

ジャスティンは作家としてのチャンスも手にして、この間に三つの小説を出版。幸せな家庭だと周りからは見えましたが、実態はそうでもありませんでした。

南アフリカは男尊女卑の考えがあるようで、イーロンは妻ジャスティンに威圧的な態度を取ることもあり、ある時、我慢できなくなったジャスティンが「私はあなたの妻なのよ、あなたの部下じゃない」と反発すると、イーロンは「もし君が僕の部下だったら、クビにしている！」と言い放ったそうです。

そして2008年、テスラ社はロードスターの出荷に苦しみ、スペースX社はファルコン1の打ち上げ失敗が続いていた頃、すでに悪化していた妻ジャスティンとの仲は修復不能となり、離婚を決断しました。

しかし、ジャスティンとの離婚はすんなりいかず、離婚調停へ。

その最中にイーロンはロンドンでなんと14歳年下の女優タルラ・ライリーと出会い恋愛関係になりました。そして、2010年にタルラと結婚。ところが、その関係も2年で終わりを告げました。

その後、バツ2で5人の男の子の父親イーロンは、ハリウッド女優などと浮名を流しましたが、3度目の結婚話はまだ出ていません。「そんな時間はないだろう」と周りの人は思っていますが、恋愛もハイスピードでやりかねないイーロンのこと、世間の予測は当たらないかもしれません。

「電気自動車の要」の特許を無料公開するわけ

イーロンにとって「オープン」という言葉には、もう一つ別の意味も存在しています。

たとえば、テスラは電気自動車を開発するにあたり、重要な技術の特許を200あまり取得していますが、それを公開し、誰でも自由に使えるようにしました。

そもそも、電気自動車開発で、大きな壁となるのが「バッテリーをどうするか」という問題です。具体的には、急速充電が可能で、安定的なパワーを発揮でき、それを持続させることができる、そんなバッテリーシステムを安価で作るのが理想です。

そこで日産にしろ、三菱にしろ、「EV車専用の大型バッテリー」の開発を進めているのですが、これがけっこうお金がかかります。技術的に可能なレベルに達したとしても、それを量産するとなると、コスト面で大きな課題が生じてきます。

そこでイーロンが考えたのは、ノートPCにも使われているような小さなリチウムイオンバッテリーを大量に（実際には約7000個以上）使って、それを一つの大きな電池のように機能させようという発想でした。リチウムイオンバッテリーなら、世界中に生産設備が整っていますから、大量に、安定した品質で、製造コストを下げて作ることが可能です。

ただし、これが技術的には極めて難しい。

じつは電池というのは、セル単体ごとに微妙に性能が異なるため、そのバラツキを制御して、安定した能力を発揮させるのは簡単ではありません。しかも、人命にかかわる自動車では「電池の問題で、発揮されるエネルギーが安定しません」なんて話が通用するはずもありません。

テスラはそのようなバッテリー関連の技術を苦労して開発し特許を取ったのです。そして、2015年、バッテリー特許など虎の子の特許を開放し、自由に使えるようにしました。しかし、イーロンのその決断に対し、「なんてもったいないことを」「馬鹿なことをする」といった数々の批判が外部に飛び交ったことは事実です。

EVの基幹特許をオープンにすれば、自動車業界とは関係のない企業でも、EVへの参入がやりやすくなります。イーロンはテスラ1社だけが夜も寝ないで頑張ったとしても世界全体でみれば、その効果はたかが知れているということがわかっています。他の自動車メーカーはもちろん、自動車部品すら作ったことのない企業でもEVを作って、ガソリン、ディーゼル車に置き換えていくことが地球にとっての急務なのです。イーロンは「特許開放は継続的なイノベーションを生む」と語っています。

そして、2017年には掃除機で有名なダイソンが「2020年までに電気自動車市場に参入する」と発表しました。創業者であるジェームズ・ダイソンはバッテリーと車体の設計・開発に、それぞれ10億ポンド（約1500億円）を投じるとも表明しています。

それだけ本気でやっていくということです。

もちろん、ダイソンが「テスラが公表した技術」を使うのかどうかはわかりません。

しかし、テスラのように自ら開発した技術をオープンにすることで、その業界の開発が加速することは間違いありません。

その活性化を狙って、イーロン・マスクは特許の公開に踏み切ったのです。

特許を公開することで業界を活性化させる

特許技術を公開する「オープンポリシー」はテスラが初めてではなく、これまでいくつかの企業が挑戦し、新たな産業を生み、成長させることもありました。

日本では、松下幸之助がラジオ特許を買い取って無償公開し、これが当時、まだヨチヨチ歩きだった日本のラジオ産業を大きく飛躍させるきっかけになりました。

世界を見ると、1980年代にはIBMが自社で開発した「パソコンの基本動作をコントロールするプログラム」や回路図を無料公開することで、コンパックやデルなど新しいメーカーが誕生し、PC業界を大きく成長させました。

あるいは、音楽用カセットテープの場合でも同様にありました。かつてのオープンリール（テープが剥き出しになっているもの）から、小型カセットに磁気テープを収納したカセットテープへと移り変わろうとするまさにその時、世界のさまざまな有力メーカーが独自の規格を打ち出し、「標準規格を争う」いわゆるデファクトスタンダード競争がおこりました。

そんなときオランダのフィリップス社は「自社の提案を受け入れてくれたら、特許はタダで使っていい」と特許の無償公開に踏み切りました。

その結果、多くの会社がこれに賛同するようになり、フィリップス仕様が「事実上の標準」、文字通りデファクトスタンダードへとなっていきました。音楽テープカセットでフィリップスは世界制覇を成しとげたのでした。

その成功体験が忘れられずか、以降、フィリップス社はビデオ規格やDVD規格などの「規格戦争」でも独自提案を持ち込んでは戦いを繰り広げていきます。

ところで、PC業界に起爆剤を投下したIBMは、業界が大きく成長したまではよかったのですが、安価なＰＣ製品を打ち出すライバルが次々と出現し過ぎて、ＩＢＭ自体は大きくシェアを落とし、21世紀に入るとＰＣ事業を中国企業に売却する憂き目にあってしまいました。

当然、テスラにも同じリスクはあるわけですが、そんなことを気にして技術を囲い込むようなイーロン・マスクではありません。

自分にとって悪い情報でもオープンにする。
技術を囲い込まず、自由に使えるようにして、新規参入を促す。

民主主義の国家であれば、こうしたオープンポリシーが、一般大衆からの信頼を獲得し、より多くのサポーターを得ることは間違いありません。

そして、自分にとってネガティブな情報も含めてオープンにするからには、「自分が矢面に立つ」という覚悟も同時に求められます。その覚悟も含めて「常にオープンである」というスタンスを貫けることは、未来を拓くリーダーに必要不可欠な条件の一つでしょう。

Rule 11 本質に立ち戻って考える
――日本企業にこそ必要な思考法

すべて当たり前だと思わない

テスラで新しい電気自動車を開発する場合でも、スペースXで宇宙ロケットのコストを劇的に削減する場合でも、イーロン・マスクの口癖は常に「物理学のレベルまで掘り下げろ」です。イーロンの物理学的思考とは、他社のもののまねではなく、ゼロから考えるということです。

使用する材料一つとっても「なぜ、それがベストなのか？」「他に最適な材料はないのか？」と物理学のレベルまで掘り下げて考えていきます。

現場のエンジニアにしてみれば、これほどやっかいなトップはいません。しかし、そこまで掘り下げるからこそ、まったく新しい素材の可能性を見つけたり、抜本的なコスト削減を実現できたりするのです。

「モノの本質まで掘り下げて考える」というのは、イーロン・マスクの日常的な思考パターンであり、彼の強みでもあります。ジョブズのプロダクト開発が「徹底したユーザー目線」に支えられているとしたら、イーロン・マスクは「究極の本質思考」に裏付けられていると言えるでしょう。

かつてテスラのモデルSの試作版が完成した際、それに乗り込んだイーロンは、サンバイザーを留めているネジがどうしても気に入らず、「世界最高のサンバイザーとはどういうものか検討し、改良しなければならない」と言ったといいます。

サンバイザー一つを取っても、ここまで徹底的かつ根本的に考え抜く。

それをあらゆる側面でやるのですから、そのこだわりは半端ではありません。

「料理は科学だ」を実践している老舗料亭の料理人

本質に立ち戻る姿勢は、日本料理の世界にも見られます。京都の老舗日本料亭「菊乃井」の3代目主人で料理長である村田吉弘さんは「料理は科学だ」という考えの持ち主です。

「料理は科学」とは、イーロン・マスクの「物理学のレベルまで掘り下げろ」と共通する部分があるように感じます。

慣習や伝統にとらわれることなく、科学的な論理で料理を考えていく。それを京都の老舗料亭の料理長がやるあたりが、非常に興味深いのです。

彼の発想はおもしろくて、たとえば日本料理店が海外に進出して「味噌がない！」という状況になったとき、「味噌がないから日本料理は作れません」なんて言っていたら、いずれ日本料理は衰退してしまう。そんなことでは日本料理を世界に広めることはできない。

だから、味噌がないなら「そもそも味噌がどんな成分で、どのようにできているのか」を予め研究しておいて、何か別の材料（現地にもあるもの）で同じような成分構成を実現させ、味噌の代用をすればいい。そんなふうに考えているのです。

そこまで掘り下げて「料理」というものを考えている人はなかなかいません。

また、レシピはすべてデータベース化されていて、「菊乃井」の従業員なら誰でもＰＣから見ることができます。「先輩の技をこっそり盗むのが料理人だ」といった旧来の発想はありません。すべてを教えて、一日でも早く一人前の料理人になって欲しいというのが村田さんの考えなのです。

一言でいえば、日本料理の革命児です。

彼の根っこにあるのは「日本料理を世界に広めたい」という日本料理に対する純粋な思い

であり、文化や風習の枠を超えてでも、そういうことをやっていかなければ日本料理は広まらないという危機感です。

もちろん、そんな村田さんのやり方を、日本料理の伝統を壊すと批判する人もいます。

しかし、古くからある日本料理の伝統に盲目的に従順なだけでは、本当に日本料理を守ってはいけない時代にさしかかっているのも事実です。

村田さんもまた、本質を捉えることで、世界をつくり変え、未来を創造しようとする人物なのかもしれません。

「なぜ」を繰り返すことで本質に迫っていく

トヨタの現場で実践されている「なぜを繰り返す」というのも、本質に立ち返る方法の一つです。

設計の細部から製造工程の作業一つに至るまで「なぜ、この素材を使うのか?」「この加工方法は別のやり方に変えられないのか?」とイチイチ掘り下げて考えるのは、一見、手間ヒマがかかって大変なことです。

しかし、この本質に立ち戻っていく作業にこそ、改善や改革のヒントが隠れているのです。

かつて、私が松下電器に入った当時、業績は好調だったのですが、松下電器は陰で「マネした電器」と揶揄されていました。そして、残念ながら「本質に立ち戻って考える」という姿勢は経営トップからしてほとんど感じられませんでした。

新製品開発を担当していた私が上司に「どうして、このやり方で組み立てているんですか？」と尋ねても、「それは、オレが入ったときからや」という答えが返ってくるだけでした。他社でうまくいっているなら、とりあえずそれを真似ておく。「なぜ」を投げかけようなんて、誰も思っていなかったのです。

しかし、それは当時の松下電器に限らず、多くの日本企業の実態であり、現在もたくさんの企業、組織にはびこっている「文化」ではないでしょうか。

トヨタに引き継がれている「本質に立ち返る精神」

「なぜを5回繰り返せ」と言われるトヨタ自動車の前身である「豊田自動織機」の成功の陰にも、本質に立ち返る思考があったことをお話ししましょう。

豊田自動織機という織物機械の会社が誕生するのと同じ時期に、「豊田紡績」という糸を紡ぐ工場（会社）まで作っていたことはあまり知られていません。

当時の社長で明治の発明王と称された豊田佐吉さんが、英国製を超える優れた自動機織り機の開発をしたことは、教科書にも出てくる素晴らしい偉業です。しかしよく調べてみると、「豊田紡績まで作っていた」というところに成功のヒントがあるようです。

どんなに優れた自動織機があったとしても、その材料となる糸に「一定の強さ」と「均一の太さ」がなければ、高速で織物をきれいに紡ぐことはできないからです。

普通なら「品質の安定した糸を仕入れてこい！」と言って終わりですが、佐吉さんはそれがないなら「自分たちで作ってしまえ」とばかりに紡績会社を作ったのです。

この「技術の川上にさかのぼることで、より性能、品質を上げていく」という本質に立ち戻る姿勢と、「どこにもないなら自分で作ってしまえ」という発想は、後のトヨタ自動車にも引き継がれていきました。

企業には4つのフェーズが存在する

「自分たちで作る」という垂直統合型の発想はなによりイーロン・マスクのお家芸です。テスラでも、スペースXでも内製化率は高く、とりわけ「重要な部品は、自分たちで作り込む」という姿勢は日本企業以上です。

しかし、はっきり言って、このやり方はビジネスとして経済効率が悪い。すでにできあがっている安価な部品を仕入れ、それを組み合わせて商品を作った方がはるかにコストが安く、スピーディで、確実な商売ができます。

わかりやすいのはパソコンで、ＯＳはマイクロソフト、ＣＰＵはインテル、ハードディスクはウェスタンデジタルという具合に部品を集めて組み立てさえすれば、誰でも簡単に、相応の商品が作れてしまいます。水平分業ですね。

もちろん、その先では熾烈な価格競争が待っていますし、技術やビジネスモデルが陳腐化するという現実とも向き合わなければなりません。ただ、そうした水平分業型のビジネスによって大量生産が可能になり、商品の価格が下がっていくというのは、当然の流れであり、自動車も家電もそうです。

そもそも企業というのは四つのフェーズに分かれていて、それぞれの段階で能力を発揮するリーダー、経営者も異なってきます。

①ゼロから1を生み出す段階（ゼロイチ）

②1を１００にする段階

③会社の危機を乗り越え、再生する段階

④ 会社を畳む段階

企業を起ち上げる時は、まさにゼロから1の「ゼロイチ」の作業であって、まったく新しい世界を自分たちで切り開いていかなければなりません。かつてのソニーがそうですし、イーロン・マスクがやっているのも、ほとんどがこの段階のビジネスです。

次に、「1を100にする」という段階に入っていくのですが、当然このフェーズが特に得意な経営者というのがいます。たとえば、松下幸之助さんは「ゼロイチ」の作業も多くやっていましたが、松下電器の特性からすると、紛れもなく「1を100にする」という部分が圧倒的に優れていたと評価するべきでしょう。

三番目は、業績が低迷し、危機的状況にある会社を再建するというフェーズです。ここが得意な経営者というのも当然いて、カルロス・ゴーンはまさにその典型と言えるでしょう。

最後の四番目はちょっとイメージが違うのですが、会社を畳むのがうまい経営者というのもいます。現実的には、すべての会社が未来永劫続くわけではないので、誰かが上手にソフトランディングさせることが必要となります。

なぜ、日本の大企業はイノベーションを起こせないのか？

経営者にはそれぞれ得意な分野がありますし、それぞれの企業には、その企業の成長段階、直面しているフェーズというものがあります。

だから単純に「ゼロイチのイノベーションを起こせ！」と言ったところで、なかなかうまくいきません。「1を100にする」という作業を何十年も続けてきた会社や経営者にとって、「ゼロイチ」というのはまったく別の作業ですし、そもそも、そのジャンルの能力や発想を持ち合わせていないのです。当然、そうした企業風土も存在しません。

それが、今の多くの日本企業（特に大企業）が直面している状況です。

ただこれは「ゼロイチ」が素晴らしくて、「1を100にする」のは劣っているという比較論ではありません。時代によって必要性は変わってきます。

しかし、21世紀の今の日本に欠けていて、必要とされているのは、やはり「ゼロイチ」の経営です。

一方のテスラは、いずれ「1から100にする」というフェーズを迎えますし、大衆車「モデル3」はその先陣となります。

だからこそ、これまで「ゼロイチ」経営で突っ走ってきたイーロン・マスクが、どのような発想転換を果たし、新たな手腕をモデル3で発揮してくれるのか。非常に興味深いところです。

反面、現在多くの日本企業は「1を100にするフェーズ」は得意でしたが、その先の未来をうまく描けずにあがいています。それどころか今現在は、「人が足りない」「時間がない」と言って、手っ取り早く仕事をこなすことに躍起になっている企業が多いのが実態でしょう。

その先にあるのは、本当に「発展」なのか、それとも「衰退」なのか……。大きな分かれ目にきているように感じられてなりません。

だからこそ、今の日本のビジネスシーンには、イーロン・マスクのような「ゼロイチの騎手」から学ぶ点は多いはずです。

安直に結果を求める風土は、薄っぺらな結果しか生み出せない。
一見、回り道をしても、本質を掴めば飛躍ができる。

これからの時代を作っていくためには、こうした発想を企業のトップが持たなければなりません。「1を100にする」ビジネスを続けてきた企業には、ことさら難しいミッションになりますが、これをしなければならない曲がり角は、もうすぐそこに来ているのです。

本質に立ち戻ってわかるロケット再利用の方法

製品設計はメーカーの基本であり、生命線です。

その製品設計において、もし基本構想が誤っていると、後からどんなに良い改善策を何重に上塗りしても、所詮ホンモノにはなりません。

たとえば、メルセデスやフォルクスワーゲンなど欧州の自動車メーカーは、ディーゼル車に見切りをつけて、ＥＶシフトを進めています。背景には、独フォルクスワーゲンの燃費偽装問題も多少ありますが、大きな問題は、より厳しくなる排ガス規制があります。

かつて、ディーゼルエンジンが登場した19世紀は、排ガス問題など考える必要はありませんでした。

しかし、人権が重視されるようになって排ガス規制が登場し、それをクリアするために自動車メーカーは、触媒やフィルターなど改良技術を生み出し、上塗りをしてきました。

ところが、どれだけ革新的な改良技術でも、ディーゼルエンジンの排ガスをゼロにすることはできません。それは、ディーゼルエンジンの設計の基本構想に、排ガスゼロという考えが盛り込まれてないからです。

欧州自動車メーカーは本質に立ち戻って考えた結果、排ガス対策の改良技術の開発投資を今後も続けていくよりも、いっそEVにシフトした方が、排ガスゼロの未来が開けてくると判断したのです。


本質に立ち戻る姿勢はスペースXのファルコンロケットにもよく表れています。

1段目ロケットの着陸回収に成功したことは、すでに述べてきましたが、2017年5月に打ち上げたファルコン9が地球に実際に戻ってくる様子を振り返りながら、スペースXの本質の捉え方について考えてみましょう。

2017年5月、米国家偵察衛星NROL-97を搭載したファルコン9は、予定の軌道に人工衛星を投入し、1段目ロケットは着陸に成功しました。この時の様子は動画で公表されています。

映像はファルコン9を遠隔距離から映したものと、1段目ロケットの上部に取り付けたカメラからの両方があり、それはまさに迫力満点です。

23階建てのビルの高さに相当する全長約70メートルのファルコン9は、打ち上げ開始から約1分で時速3600㎞に達し、2分20秒後には1段目ロケットのエンジン停止、2段目の切り離しが自動で行われました。この時、高度は約90㎞、速度は時速5400㎞。同時に2段目ロケットエンジンが点火し、偵察衛星を乗せて予定の軌道へと加速をつづけました。

注目すべきは、その後の1段目ロケットの飛行の様子です。2段目ロケットを切り離した1段目ロケットは、ブーストバック噴射で機体の向きを変え、着陸地点のケープカナベラル目がけて飛行を開始。途中で機体に装備したスラスターから間欠的にコールドガス（窒素ガス）を噴射したり、機体横に格納していたグリッドフィンを開いて機体姿勢を制御しながら、猛スピードで着陸地点を目指します。

打ち上げから約7分後にはマーリン・エンジン3基を使いエントリーバーン（突入燃焼）を約25秒行い、大気圏を突破。時速約5000㎞から一気に時速約2700㎞に減速しました。といっても、音速のすごい速度に変わりはありませんが。

この時のファルコンは〝アタマ〟からではなく〝オシリ〟から地上に向かい高速降下しています。そのため、1段目ロケットは、エンジンからの噴射が、高速での下降圧によって機体の数倍はゆうにあろうかと思うデカい炎の化け物に膨れ上がって、機体を飲み込むように襲いかかりました。一瞬「機体が燃える！」と心配してしまうほどでした。

打ち上げから約8分後にはランディング噴射を開始。この時、時速は約600㎞。ケープカナベラルの着陸パッドが視界に入ってくるとゴールは間近。すると機体に格納していた4

本の着陸脚を一気に広げるや、約5秒後にファルコンは着陸に見事成功したのです。

この超音速逆噴射によるファルコンの1段目の着陸が成功したのは、技術的な革新が随所にちりばめられていたことは言うまでもありませんが、一番大きな要素は、ロケット構造がシンプルだという本質的な要素に帰着します。スペースシャトルと比較するとよくわかります。

スペースシャトルは飛行機のように着陸するため、大きな翼と長い滑走路が必要です。しかも、大気圏突入で断熱シールドが破損する大事故を起こしてしまい、そのために様々な設計改良が上乗せされていきました。その結果、スペースシャトルは、設計が複雑になりすぎてコストも肥大し、失敗したと言われています。

一方、スペースXのファルコンは、逆噴射しながら目的地点に着陸するだけ。いたってシンプルです。打ち上げた場所に、まるでビデオを逆再生するように戻ってくる。本質に立ち返った設計です。ちなみに、ロシアのソユーズ・ロケットもシンプルさを基本にしたので、1960年代に打ち上げて以降、今日も現役で活躍しています。

スペースXのシンプルな設計構想で生まれたファルコンですが、すんなりと着陸に成功する陰には、多くの高度な技術が仕込んでありました。とりわけ、エンジンを進行方向に逆らって噴射する逆噴射をしながら降下する技術（超音速逆噴射）はとても困難であり、そこにスペースXの技術力の本当の凄さがあります。

打ち上げ時のマーリン・エンジンは出力全開の高速で高い高度へかけ上っていきます。クルマで言えば、高速道路でアクセルをただ踏み込めばいいようなもので、やりやすいです。ところが、地球に戻ってくるときは、そうはいきません。クルマを決められた停止線にドンぴしゃで止めるようなものです。しかも、車内に水の一杯入ったコップを置いて、その水がこぼれないように車を止めるわけです。急ブレーキをかけてはもちろんダメです。

ファルコン9は、高速で降下しながら地上までの距離を正確に測り、ロケットエンジンの出力を徐々に下げていきます。もし、出力を下げすぎると、降下速度が速くなり、地面に激突してしまいます。さらに、着陸に使う燃料は、打ち上げ時に残った燃料を使うので、着陸時のエンジン噴射にかけられる燃料は制限されてしまいます。降下時に、エンジン出力を適正に下げられず、燃料を消費してしまってはガス欠になって、これまた地面にたたきつけられます。

約40ｍの巨大な1段目ロケットの機体姿勢を保ちながら、このような微妙なエンジン出力調整を行う超音速逆噴射という高度な技術をスペースXは確立したのでした。これもまた世界初のことです。

ＮＡＳＡやロッキードなどのモノ真似ではなく、本質を見据えた正しい基本設計ができていたからの偉業でした。そしてこの超音速逆噴射の技術は、火星に着陸する際にも活用されます。そこまで本質的に考えて、イーロン率いるスペースＸは地球上での１段目ロケットの着陸にトライし続けてきたことは、驚愕と賞賛に値します。

Rule 12

世界を変えるビジネスモデルを構築する

――点から線に、線から面に拡大せよ

新たな価値を創造する

革新的な〝商品〟を生み出すことはたしかに価値があります。

しかし一言で商品と言っても、実際には「デバイス」と「プロダクト」に分けることができます。

たとえば、CPUというのはデバイスであり、パソコンはプロダクトです。どちらのイノベーションがより価値が高いかを評価することはできませんが、どちらが世界にインパクトを与えやすいかの答えは明白です。

やはり、プロダクトとして一般ユーザーが認識し、体験するからこそ、人々に影響を及ぼすのです。たとえば、アップルはiPhoneというプロダクトを世に送り出し、携帯電話

の概念を一新しました。携帯音楽プレイヤーｉＰｏｄについても同じで、小さな機器の中に何千曲も入れて、いつでも、どこでも好きな曲が聴けるという世界を実現しました。

しかし、斬新なプロダクトを開発する以上に、世界にインパクトを与えるものがあります。それが「ビジネスモデル」です。

アップルが本当の意味で世界に大きなインパクトを与えているのは、プロダクトに留まることなく、アイチューンズ・ストアというビジネスモデルを作り上げたからです。

アイチューンズ・ストアによって世界中の人たちは「音楽をダウンロードして購入する」というまったく新しい体験をするようになりました。これまで音楽というコンテンツは、レコードやカセットテープ、ＣＤなど「物資」によってやり取りされていましたが、アイチューンズ・ストアというビジネスモデルが構築されてから、「データ」という手で触ることのできない代物へとあり方そのものを変えました。

加えて、「アルバムの曲を一曲単位で購入できる」というシステムまで導入し、買う側も、売る側も、音楽家までも考え方を一新しなければならない時代を開いたのです。

これはあきらかに一つの革命であり、この状況を生み出したのはｉＰｏｄというプロダクトではなく、紛れもなくアイチューンズ・ストアというビジネスモデルです。

テスラは「サスティナブル・エナジー・カンパニー」になる！

イーロン・マスクがやろうとしているのも同じことで、彼は宇宙ロケットや電気自動車という「優れたプロダクト」を作ることだけに熱中しているわけではありません。テスラが安価で優れた電気自動車を発売しても、それを快適に利用する「ライフスタイル」が実現しなければ、人々に広まりません。

とりわけ「ＥＶは充電に時間がかかるのが弱点」と指摘されていました。そこでイーロンはテスラ車専用の高速充電ステーション「スーパーチャージャー・ステーション」を２０１２年から全米に展開しています。

この頃の日本はというと、ＥＶ充電器の統一規格がなかなか決まらず、トヨタをはじめ各自動車メーカーがそれぞれの思惑を絡めた交渉に時間だけを費やしていました。「規格統一」というのは、製造メーカーとしては設計や生産対応がやりやすくなる半面、規格を統一するまでに多大な時間と労力を交渉にさかなければならないデメリットがあります。

たとえば、家庭用ホームビデオでは、ベータ方式を生み出したソニーと、ＶＨＳを開発した日本ビクターがぶつかり、当時の通産省が音頭を取って規格統一を図ろうとしましたが、失敗に終わりました。その結果、二つの規格のビデオが市場で争うこととなったのです。いわゆるベータ―VHS戦争です。

CDやDVDの時は、規格を統一することができましたが、それまでに多くの時間を費やしたという現実は変わりません。

ちなみに、イーロンは他社の動きを見て、自分の考えを変えるような経営者ではありませんし、他の自動車メーカーがEV充電器の規格を統一するまで待つようなことはしませんでした。テスラの独自規格でスーパーチャージャー・ステーションを立ち上げ、もちろん、自らの資金で全米に設置を進めました。その展開は欧州やアジアにも及び、ガソリン車に代わって、世界中にEVを走らせる環境を整えるという世界戦略を推し進めたのです。

トヨタが燃料電池車「ミライ」を開発する一方で、数億円かかる水素ステーションの設置は他社に任せたのとは対照的でした。

2017年11月現在、スーパーチャージャー・ステーションは世界中で1000か所を超え、約7000個ある高速充電器スーパーチャージャーを近々に1万台以上にするプロジェクトをテスラは進めています。

しかし、ここまでなら「従来の体験」に革命を起こしたとまでは言えません。電気駆動になったとはいえ、ガソリン車がガソリンスタンドで給油するのと大きな違いはないと言う人もいるでしょう。

イーロン・マスクはさらにその先をイメージしていて、太陽光発電企業ソーラーシティ社をテスラが買収する形で、電気自動車とはまったく異なる「ソーラールーフ」という家庭用の「屋根一体型の太陽光発電システム」の販売を開始しました。

「ソーラールーフ」とは、一見すると普通のタイルと同じような見た目の屋根材でありながら、実際には「ソーラーパネル」になっていて、家庭で太陽光発電ができるというシステムです。

発電した電力は「パワーウォール」というテスラ自慢のバッテリーに蓄電され、家庭で使う電力はもちろん、テスラ車の充電にも使うというサスティナブル（持続可能）なライフスタイルを提案しています。

この家庭用蓄電池パワーウォールは、パナソニックと共同開発した「２１７０」セルと呼ばれ、これまでの「１８６５０」セルから低コスト高性能化を実現した新型リチウムイオン電池が用いられています。ちなみに、「２１７０」セルはモデル３にも搭載しています。

現在、販売しているパワーウォール２は第2世代で、第1世代に比べ、30％の小型化と、容量は2倍以上の13kWhです。そして、これまではパワーコンディショナー（ＰＣＳ）を別メーカーから購入する必要がありましたが、ＰＣＳも内蔵しました。加えて、パワーウォール２は最大10台まで接続可能になっています。

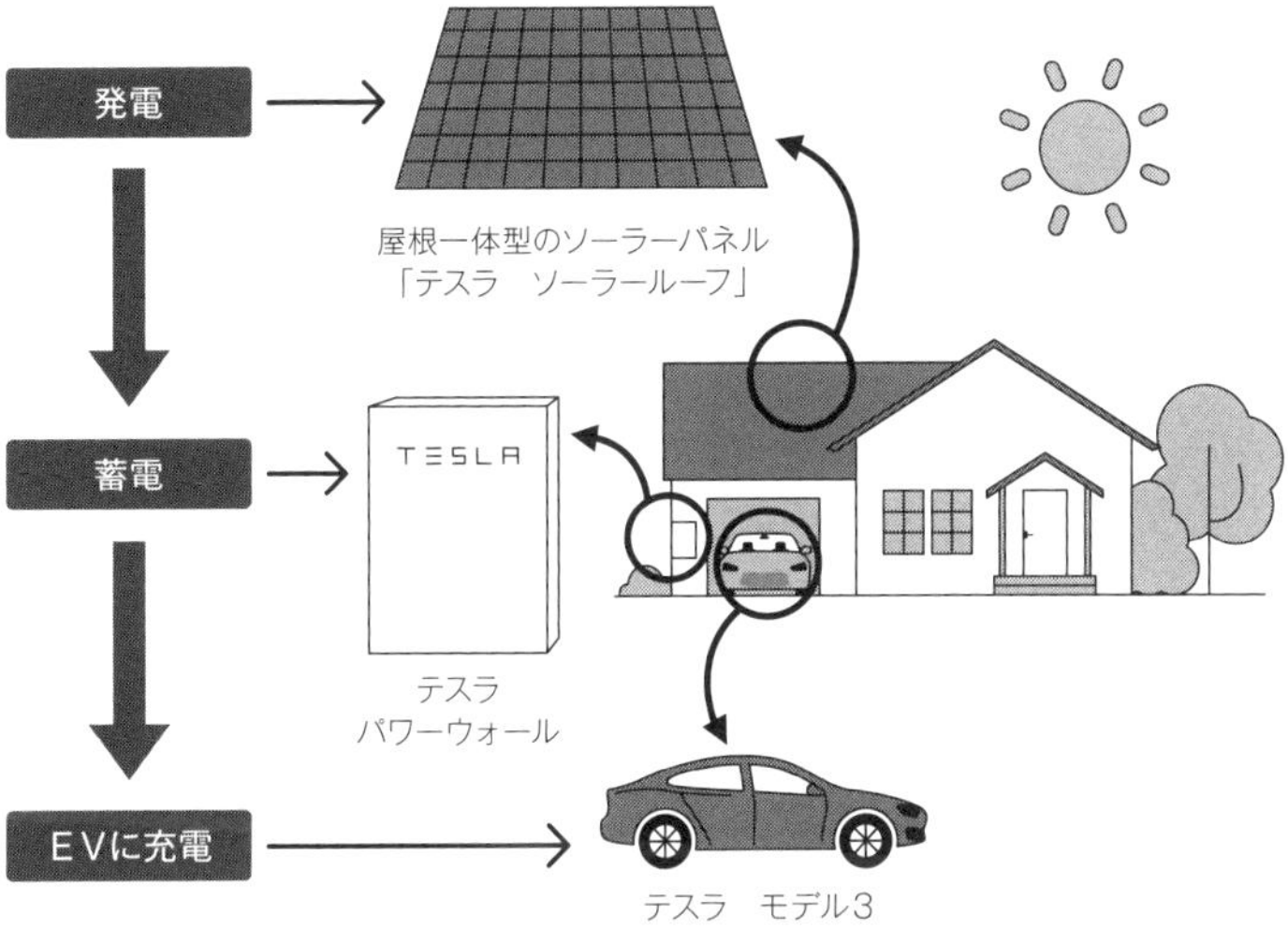

サステイナブル（持続可能）なライフスタイル

企業用の蓄電池「パワーパック」も同じ2170セルを使っており、モジュール一つの容量が200kWh。これを連結することで容量をGWhレベルにまで拡大できる設計になっています。

用途としては、電力会社の電力需要時のピークカットや、太陽光発電の出力変動対策などに活用されていて、カリフォルニア州の大手電力会社「サザン・カリフォルニア・エジソン社」に納入した蓄電システムは、このパワーパック2を400台並列に接続することで80MWhの蓄電能力を作り出しています。

日本でも2017年からパワーパックの販売をはじめ、既に6か所に導入。さらなる受注が増えている状況です。

太陽光での発電から蓄電、そしてEVでの利用。イーロンは「テスラは単なる自動車メーカーではなく、サスティナブル・エナジー・カンパニーだ」と言い、テスラモーターズの社名からモーターズを取って「テスラ」に変えました。

このシステムが大きく普及すれば、電力会社や電力供給という国家レベルのインフラ自体が劇的に変化する可能性があり、まさに世界を変えるビジネスモデルとなるでしょう。

イーロン・マスクはそんな未来をイメージし、戦いを続けているのです。

「太陽光発電の未来」はすぐそこまで来ている

もちろん、パワーパックやソーラールーフを含む太陽光発電システムを導入する上での課題はいろいろあります。従来の電力会社やそれに類する業界団体から圧力があるのは言うまでもありませんが、海外からの敵もいます。

そもそも、ソーラーシティ社は2006年にイーロンの従兄弟がCEOとして起ち上げ、イーロンが会長となりました。しかし当時、太陽光発電パネルは「初期費用がかかりすぎる」という課題があり、利用者が導入をためらう要因となっていました。

そこで、ソーラーシティ社はレンタルで太陽光パネルが利用できるビジネスモデルを打ち出し、市場をリードすることに成功したのです。太陽光パネルの設置費用は無料で、月額固定料金を支払うだけでよく、リース期間は20年。さらに、家の立地、日照などを分析し、そもそも太陽光パネルを導入して「どれくらい電気代が安くなるのか」というシミュレーションソフトを開発。これにより顧客は判断に悩むことなく、安心して購入できる環境を整えたのです。もちろん、導入後は、住宅内の電気の使用量をモニターできることは言うまでもありません。

しかし、リースモデルをスタートするに際し、太陽光パネルを外部から大量に買い入れるための大量の資金が必要でした。

そこで、USバンクコープやバンク・オブ・アメリカなどから合計17億ドル（約1700億円）もの巨額資金をかき集めます。そこには、再生可能エネルギーの将来性に加えて、イーロン・マスクという未来に挑む異端の経営者への期待が大きくあったことは間違いありません。

しかしその後、太陽光発電システムの価格全体が下がり、ソーラーシティ社の単独経営では今後の展開に力強さを欠くと感じたイーロンは、ソーラーシティを約20億ドルで買収。テスラの傘下としました。

現在、ニューヨーク州バッファローにある巨大工場「ソーラーファクトリー」で太陽光パネルを生産しています。この工場の建設費用は約50億ドル（約5000億円）で、西半球最大規模です。

2017年、日本のパナソニックがここに約300億円を投入して、太陽光パネルのセルとモジュールの生産を開始しました。なお、パナソニックはリチウムイオン電池工場「ギガファクトリー」でもテスラとタッグを組んでいることは既に述べたとおりです。

太陽光パネルは価格競争が厳しく、特に中国メーカーの勢いはとどまるところを知りません。大気汚染問題を抱える中国は、ここにきてグリーンシフトを鮮明に打ち出し、太陽光発電、EVなどで世界の覇権を狙っています。米トランプ大統領が環境問題に後ろ向きで、自動車の燃費基準の緩和や、再生可能エネルギー開発への支援を大幅削減するなど、「世界に背を向ける方向」に走り出している様子をみて、なおさら世界のリーダーへの野心は強まっています。

それは、中国の研究開発費の額を見ても明らかです。

中国政府は2016年から2020年の間に1兆2000億ドル（120兆円）を基礎研究に投入し、そのうち、太陽光発電など再生可能エネルギーに3730億ドル（37兆円）を注ぎ込む考えです。

それに対し、日本政府の2017年の研究開発費は3・5兆円です。ちなみに、中国政府は2015年度で約12兆円です。まさに桁違いです。

さらに、政府と民間企業を合わせた研究開発費の総額では日本が18兆円（2014年）なのに対し、中国は38兆円（2014年）。

中国の研究開発投資額は急激に伸び続けており、OECDは中国の研究開発費は2019年には米国を超えると予測しています。

かつて太陽光発電では世界をリードしていた日本ですが、急速に外国勢に追いつかれ追い越されました。原発にしがみつく日本は、再生可能エネルギーで世界をリードする技術力を各分野で持ちながら、それを生かせないでいます。このままでは、日本の住宅の太陽光パネルはすべて中国製、という時代の到来も現実味を帯びてきます。よくも悪くも中国は世界を見据えていますし、中国から新たなビジネスモデルが誕生する可能性は十分あります。「中国崩壊論」に期待を寄せる人たちもいるようですが、それは世界の情勢を見失っているだけでしょう。

イーロン・マスクにとって、米国市場での太陽光パネルの戦いは、決して簡単なものではありません。中国政府から補助金が出ている中国メーカーといかに価格でも戦っていくか。テスラの蓄電池「パワーウォール」や屋根一体型太陽光パネル「ソーラールーフ」はその勝敗を占う試金石となるでしょう。

ＥＶを増やしさえすれば、地球に優しい環境に戻る、と考えるのは短絡的です。ＥＶを増やしていくと、ＥＶに充電する電気をどうやって作るのかが問題になります。石油か、原子力か、自然エネルギーか、いったいどれなのか。さらに、バッテリーの製造工程でどれだけの電気が使われるのか、といったことまで総合的に考慮しなければいけません。

〝点〟だけでの成功を考えるのでなく、点と点を結んで〝線〟を作る。線と線を結んで〝面〟を作り出す。そうやって成長したビジネスモデルが世界を変えていくのです。せっかくのＥＶも、石油から発電した電気で充電していては意味が半減します。核のゴミを出し続ける原発から作った電気で、ＥＶ用バッテリーを作っていては、元も子もありません。

太陽光などの再生可能エネルギーが、人類がたどり着くべき理想の発電方式なのは明らかです。問題は、いつまでに切り替えるかです。

イーロン・マスクのサスティナブル・エナジー構想が、本当に世界を変えるビジネスモデルを作り出せるのか。

そこに世界は注目しています。

Rule 13

時流に乗り、大勝負に出る
――勝負を分けるタイミングの見極め方

世界最大のリチウムイオン電池工場を建設

２０１４年、テスラはネバダ州に約５０００億円もの巨額をかけて世界最大のリチウムイオン電池工場「ギガファクトリー」の建設をスタートし、２０１７年には一部の稼働を開始しました。

通常のノートＰＣに使うならリチウムイオン電池は８～10個程度ですが、テスラの電気自動車に使用するのは約７０００～８０００個。テスラ・ロードスターのように一部の富裕層向けのスポーツカーを限られた台数だけ販売しているうちは問題にはなりませんが、これがモデル３のような大衆向けの車種を生産するとなると、とんでもない数のリチウムイオン電池が必要となってくるわけです。

また同時に、電気自動車を安く売るためにも、リチウムイオン電池のコストを下げることが必須条件となってきます。

そこでイーロン・マスクはギガファクトリーの着工を始めたわけです。ギガファクトリーで30％のコストダウンを実行する計画です。

ギガファクトリーが完成すると、この工場だけで、２０１３年の世界中で生産したリチウムイオン電池総数量に匹敵する数量を生産することが可能となります。工場が一つできただけで、地球上のリチウムイオン電池の生産量が二倍になるのですから、その規模たるや半端ではありません。

生産工程で使う電気を賄うための太陽光パネルまで備えたギガファクトリーは世界最大の建造物と言われています。

「テスラ」「ギガファクトリー」とインターネットで検索すると、ギガファクトリーの写真が出てきますが、何もない荒涼とした土地に作られた要塞のようでもあり、工場というよりは、飛行場のような雰囲気もある異様な姿を確認できます。

経営とは「後ろしか見えない車を運転するようなもの」

テスラ車の大量生産のために、巨大なギガファクトリーを建てる。だからといって、肝心のテスラ車が売れなければ、とんでもない負債を背負うことになります。

そんな状況においても、イーロン・マスクはためらうことなく前進します。「2018年末までに、年間50万台の車を生産できる体制を築く」とテスラは宣言しており、前進速度を緩める気など全くありません。他の自動車メーカーもEVに本格参戦し始めて、時流は来ているのです。

思い起こせば、インターネットブームという時流に乗ってスタンフォード大学院生だったイーロンはZip2を起こしました。そして、コンパック社に売却した利益で、Xドットコムを創業し、ペイパルとなって、イーベイに売却。その資金でスペースXを創業しました。その流れをみれば、この男が時代の流れを敏感に察知する力に長けていることがよくわかります。

「ここぞ」というときに、こうした大勝負ができるのも優れたリーダーの条件であり、世界をつくり変え、未来を創造する者にとって欠かせない要素と言えるでしょう。

もちろん、大勝負に出たからといって成功するとは限りません。「勝負に出たのはいいが、部下がついてこなくて、失敗した」。これもまたよくあることです。そして、そんなことがテスラのギガファクトリーでも起きていました。

パナソニックは、リチウムイオン電池をテスラに大量に供給する力強いパートナーです。そして、建設中だったギガファクトリーにリチウム電池の最新生産設備を次々と納入していきます。イーロンから厳命された常識破りの短すぎる納期へ対応するため、パナソニックの生産技術者たちはフル稼働で設備を完成させ、ネバダ州のギガファクトリーになんとか持ち込むことができました。

しかし、ここで「あっ」と仰天する問題が起きます。

パナソニックの担当技術者がギガファクトリーに生産設備を持ち込んだところ、「変だな」と思い天井を見上げると、「空が見えた」のです。イーロンのスピードにテスラの現場がついていけず、ギガファクトリーの屋根ができていなかったのです。

さらに、パナソニックが突貫工事で作り上げた別の大型生産設備を設置し始めたところ、工場内の配管にぶつかり、立ち往生してしまいます。テスラ側の設備担当者が、パナソニックの生産設備の最新仕様ではなく、古い設計仕様のまま配管工事をしてしまっていたためでした。

なかなかお粗末な話ですが、トップが「今だ！」と勝負に出ても、現場の足腰が伴わなければ、空振りに終わってしまいます。

それでもパナソニックの生産技術者たちの偉いところは、「自分たちの仕事はここまでだ」といって匙を投げることなく、テスラ側と一緒になって短期間で問題解決に当たったのでした。

表面的にはイーロンの凄さばかりが出てきますが、水面下ではテスラの社員だけでなく、取引先企業の社員たちもチームとなって汗をかき、知恵を出し「巨大な城作り」に取り組んでいます。その働きがあるからこそ、イーロンも表で勝負ができるのです。

ところで、経営とは、車を運転するようなものだと私は考えています。

ただし、フロントガラスは真っ黒なシートで覆われ、見えるのはバックミラーだけの車。バックミラーから見えるのは「後ろ」すなわち「過去」だけであり、「前」すなわち「未来」を見ることはできません。

想像してみてください。そんな車に乗っていながら「全力でアクセルを踏む」「ハンドルを切る」ということがどれだけの恐怖を伴うのか。

しかし、その勇気を持った決断ができるのが、真の経営者というものなのです。

時流を読めば「無茶」は「飛躍」へと変わる

松下幸之助さんは、日本人が着物から洋服へと風習、文化が変わりかけている昭和初期、大きな勝負に出ました。

１９２３年（大正12年）に関東大震災が起きましたが、地震そのものより、火災による被害が大きかったことはよく知られた話です。ほとんどの家庭が、薪や炭を炊事に使っていたためで、「地震だ」と叫んでも、すぐに火を消すことは出来ませんでした。

そして、当時のアイロンだった「火熨斗《ひのし》」も炭火を使っていました。「火熨斗」とは、片手鍋のような入れ物に炭を入れ、それを熱源として、底面を使って布のシワを伸ばしていくアイロンです。そんなアイロンを使っていれば、大地震の際に火事を引き起こす原因になるのも無理からぬ話です。

そんな背景もあって、関東大震災後、日本政府は電力化を積極的に進めていきます。

当時、すでに電気式のアイロンも少しは売り出されていましたが、どれも高価な外国製ばかりで、一般の人に手が出せる代物ではありませんでした。学校の先生の初任給が50円の時代に、外国製アイロンは5円程度で売られていました。

そんな頃、松下幸之助さんは「3円20銭で、売れる国産の電気アイロンを作ろう」と考え、

「それも月に1万台作れ」という指示を出しました。

優れた経営者というのは、ときどきこのように「いくらで売る」という価格設定を先にしてしまうものです。

しかも「月に1万台」ということは、年間で12万台。その数字は当時の全メーカーを合わせた年間のアイロン総販売台数に匹敵し、松下一社で業界全体の数量を生産することを意味しました。もちろん、社員全員が「そんな価格は無茶です」「そんなに作って売れるんですか?」「売れ残ったらどうするんですか?」と猛反対。

しかし、時流を感じ取った幸之助さんは、今が勝負の時だとばかりに「これからは洋服の時代が来る。みんながワイシャツを着て会社へ行く時代になる。そのときにアイロンは必ず必要になる」と大号令をかけたのです。

そして、1927年(昭和2年)に完成したスーパーアイロンは、幸之助さんの読み通り、見事大ヒットし、松下電器を躍進させました。

イーロン・マスクの大勝負は規模を拡大させながら続いていく

テスラのギガファクトリーにしろ、松下電器のスーパーアイロンにしろ、ベースにあるのは時流を読むということです。

彼らはただ闇雲に大勝負をしているのではなく、「必ずこういう時代がくる」という確信のもとで勝負をしているのです。

もしスティーブ・ジョブズが10年早く生まれていたら、個人がコンピュータを持つ時流はまだ到来しておらず、今のアップルはなかったでしょう。イーロン・マスクがもし10年早く生まれていたら、NASAが宇宙開発を民間委託することはなく、スペースXを創業することは出来なかったでしょう。

時代が人を呼ぶのか、人が時代を呼ぶのか。

いずれにしても、時流に乗らなければ、どんな天才も花開くことはできません。

そして、時流を読み間違えて大勝負をしてしまうケースもたくさんありました。

東芝のウエスチングハウス社の原発事業の買収や、シャープの液晶事業はわかりやすい例です。

さらに古くは、発明王エジソンが「これからの時代の電気は、直流だ」と唱えて直流式の発電所を建設しました。このエジソンの考えに反対したのが発明家のニコラ・テスラでした。

テスラは交流発電機を発明し「交流による電気事業こそ未来に必要だ」と唱えたのです。エジソン対テスラの戦いの結果は、現代が証明している通り、交流を主張したテスラの勝ち。かの発明王エジソンも、そこでは時流を読み間違えたのです。

勝者テスラの名は、イーロン率いるテスラモーターズの社名の由来でもあります。幸運にも、私たちはイーロン・マスクと同じ時代を生き、彼がどのように時流を読み、大勝負をしかけていくのかを、リアルタイムで見ることができるのです。

ところでイーロンは、巨大な市場を抱えながらも、一党独裁で、民主主義のルールが通用しない中国にも、テスラの工場を作る計画を進めています。同時にリチウムイオン電池を大量生産するギガファクトリーも中国国内に作ると宣言。中国がＥＶの世界の主戦場になる流れを予感してのことです。彼の大勝負は決して止まることなく、規模を拡大させながら、世界中に広がっているのです。

このようなイーロンの常人の理解を超える言動から「イーロン・マスクなど、出たがりの目立ちたがり屋だ」とけなす連中もいます。しかし、イーロンの実績を見れば、時代は「イーロン・マスクが描く未来」に向かい、時流に乗っているように感じるという人もいるでしょう。

時流が本物かどうかは、そのときはわかりません。東芝もシャープもわからなかったのです。

時間が経ち、振り返った時にはじめて、本物だったかどうかがわかるのです。まさに、フロントガラスを覆ったクルマを運転しているのですから。

その時に重要なことは、頭の中で「こんな未来にするんだ」というイメージマップを浮かべることなのでしょう。その示す方向を目指してイーロンは、時流という道の上を、事業というクルマに乗り、猛スピードで爆走しているのです。

Rule

14

株主の言うことなんか聞くな！

――ぶれない信念が壁を壊す

最大の敵は「株主」

経営者が大勝負に出ようとする際、一番やっかいな障壁は何でしょうか。資金、技術力、法規制などさまざまな障壁が挙げられます。

しかし、意外なことに「株主」が障壁になることもあるのです。

一般的に、株主というのは株価が下がるのを一番嫌がります。もし、経営者が莫大な資金を注ぎ込んだ大勝負に出て、それが失敗でもしようものなら、たちまち株価は暴落の憂き目にあいます。だから、株主というのは経営者に対し「その投資にはどれだけのリターンが見込めるのか？」「将来的な売上げは？」などいろいろと突いてくるのです。

もちろん、経営者は大勝負をする際に綿密な調査、分析をするのは当然のことですが、必ずしも経営者の思いと、株主の考えが一致するとは限りません。

株主と言っても人それぞれです。たとえば「強気の営業戦略を取るべきだ」と言う株主もいれば、逆に「営業所を整理統合してコスト削減をやれ」と主張する株主もいるでしょう。千差万別の株主の意見を最大公約数的にまとめたとしても、結局、消極的で無難な選択しか残らないかもしれません。

さらに、もし株主の言う通りに社長が決断し実行したとしても、業績結果が悪かったら、「社長は何をやってるんだ!」とやはり批判をあびせます。株主とは気まぐれなものなのです。

はっきりしているのは、気まぐれな株主の言うことを聞いているようでは、世界を驚かし、未来を創造することなど絶対にできないということです。

グーグルの創業者ラリー・ペイジとセルゲイ・ブリンは、グーグルが株式の公開をする時「株主の意見は一切聞きません」「そんな気は毛頭ありません」という異例の声明を発表しました。これに世間はビックリし、猛反発しました。「株主の意見に耳を傾けて経営を進めます」というのが株式公開をした時の企業トップの常套句だったからです。

これに対し、「株主の言うことなんか聞いてたら、自分たちが正しいと思う方向には進めないだろ！」それがラリー・ペイジとセルゲイ・ブリンの紛れもない本音でした。

また、スティーブ・ジョブズがアップルのCEOだった頃は、株主に配当金を1セントも配りませんでした。これも凄い話です。業績が悪かった頃のアップルならまだしも、とんでもなく儲けていた時代にも、株主に配当を払っていなかったのですから、さすがに株主たちも黙ってはいません。株主たちは「配当金を払え！」と毎年強烈なプレッシャーをかけましたが、ジョブズは彼らの要望をはねのけ「そんな金があるなら技術開発に回す！」と言い切ったのです。

そのスタンスが正しかったことは、アップルの業績を見れば明らかです。

残念ながら、後任のティム・クックがアップルのCEOとなった時、最初にやったことは、株主たちに配当金を払うことでした。それだけ株主のプレッシャーが凄かったというのは紛れもない事実ですが、やはり「肝の据わった創業者」と「サラリーマン社長」の違いを感じずにはいられません。

アマゾンのジェフ・ベゾスも「株主への配当金を払うくらいなら、未来型の投資をする」という発想の持ち主です。そのためアマゾンは利益としてお金を会社に残さず、どんどん投資してしまいます。その実態を知らない人がアマゾンの財務諸表を見れば、「この会社は間違いなく、もうすぐ潰れる」と思うでしょうが、アマゾンは成長し続けています。

いずれにしても、彼らに共通しているのは「株主の機嫌を取る経営などしていない」ということです。

「株式会社」と「株主」の微妙な関係

そもそも「株式会社」と「株主」というのは微妙な関係にあります。

資金を調達するという目的においては非常に理にかなったシステムですが、その他の部分では矛盾した要素も含んでいます。

というのも、もともと株主たちは会社の成長を期待し、株価が上がることを願います。その段階では「会社」も「株主」も思いが一致しています。

しかし、いくら株価が上がったところで、それは架空の利益に過ぎず、本物の利益として確定させるには、株を売らなければなりません。

これって、なんだかおかしいと思いませんか。少なくとも、私はここに大きな矛盾を感じます。

企業を応援して、利益が上がった場合には配当金を受け取る。ここまでは納得できます。

しかし、株価を上昇させ、それを売り抜け、利益を得るのは「その企業の応援団をちゃっかり辞めて、カネを手にする」というのと同義です。

目先の利益に右往左往するのではなく、長期的に企業を応援してくれる出資者がいるのも事実ですが、多数は、短期的な売買でカネを儲けたい人々です。そんなマインドの株主たちが「企業の未来」を考えてくれるはずがありません。

そこに株式会社と株主との本質的な矛盾があるのです。

火星ロケットBFRを打ち上げろ

会社を経営していくには、どうしたって資金は必要です。世界をつくり変え、未来を創造するようなスケールの大きなビジネスを展開するならなおさらです。

しかし、ここで大事になってくるのは「お金を出してくれる人の本質を見極めろ」ということです。

ちなみに、イーロン・マスクの場合、テスラは上場していますが、スペースXは上場していません。なぜ上場しないのかの説明をする前に、イーロンの火星ロケット計画についてお話ししましょう。

これまで発表してきた火星ロケット計画をイーロンは少し変更して、2017年9月の国際宇宙会議で公表しました。その飛行計画は、2022年に次世代巨大ロケットBFR（ビッグ・ファルコン・ロケット）を2基、無人で飛行させて火星へ着陸させる。火星での水源を探し出すことが第一の目的で、次に、地球への帰りのロケットの燃料（液化メタン）を製造するための工場建設も計画しています。

そして、2024年には、2基の無人BFRと、有人で2基のBFRをそれぞれ打ち上げ火星に着陸させて、ついに火星の開拓がはじまるのです。もちろん、BFRも宇宙船も、再利用可能であることは言うまでもありません。

また、BFRは宇宙ステーションへの補給ミッションや、人工衛星などの打ち上げ、そして月面探査にも利用される予定です。

火星へ飛行する次世代巨大ロケットBFRは、1段目ロケットと宇宙船から構成されて、全長106m、直径は9mで、31基の「ラプター・エンジン」を搭載します。ラプター・エンジンは液化メタンを燃料とし、ファルコン9のマーリン・エンジンの数倍の推進力を叩き出す性能です。

宇宙船は、全長48m、直径9m、重量85トンでペイロード（搭載能力）は150トンとと

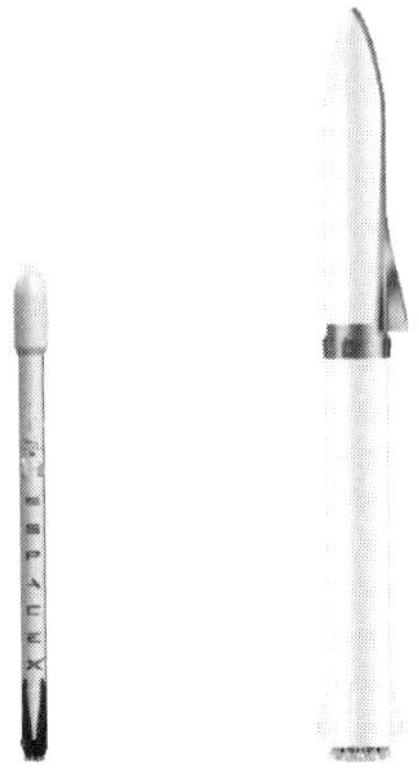

「ファルコン9」と火星巨大ロケット「BFR」

出典：スペースX社サイト　http://www.spacex.com/falcon9
およびhttp://www.spacex.com/falcon-heavy より作成

んでもないデカさです。その中には居住空間として40のキャビン（小部屋）を設け、それぞれ2～3人が搭乗し、トータルでは１００人の宇宙飛行士が乗ることができる空前絶後の計画です。なお、この住居スペースの広さはエアバス社の総2階建て大型旅客機「Ａ３８０」の客室より広いサイズです。

さて、ＢＦＲの開発費用は一体いくらかかるのか？　それについてイーロンは明言していませんが、巨額の費用がかかることは確かです。

ではそのカネをどこから調達するのか。

イーロンは「この火星ロケット計画は、（ファルコン９での）衛星の打ち上げや、宇宙ステーションへの物資輸送による収入によって実行可能だ」と述べるにとどまっています。ただ毎月、スペースXが衛星の打ち上げなどを連発しても、年間収入は1000億円程度。果たしてそれで足りるのかという疑問も付いてまわります。

そこで、「株式を公開し、上場して資金を集める」という方法を言い出す人はいるでしょう。しかし、宇宙ロケット開発では、一度打ち上げに失敗すれば、莫大な損害が出ます。ロケットの打ち上げが失敗する度に株価が暴落しているようでは、経営は安定しない。つまり、イーロンは、短期的な利益に目がくらんで売買する株主に振り回されることは避けたいと考えたのです。だからスペースXは上場してきませんでした。

そして将来、スペースX社が株式上場をするとして、「火星飛行を成功させ、それも複数回の往復が実現出来てからがいいだろう」とイーロンは語っています。何でも上場すればいいというわけではなく、タイミングも重要なのです。

危機の時こそ、冷静に判断する

スペースXと違って、テスラは創業期にコンパステクノロジー・パートナーズやドレーパーフィッシャー・ジャーベソンといったベンチャーキャピタルから資金提供を受けてロードスターを誕生させました。2010年には上場して約2億7000万ドル（約270億円）を獲得しています。

そのテスラに対して、これまでいろんな人が出資や融資を申し出ていました。そのなかには本書のメインテーマである「イーロン・マスクに未来を託そう」という本気の投資家も大勢います。しかしその一方で「あわよくばテスラを乗っ取ろう」とか「テスラの株を買い占めてGMに売りさばこう」と考えた人もいたようです。

イーロン・マスクの凄いところは、そうした悪意のある人からの出資を見極め、はねのけたことです。

会社の経営をしたことのある人ならわかるでしょうが、「出資してくれる人を見極め、排除する」というのは言葉で言うほど簡単なことではありません。

もし、事業が好調で、経営が安定しているときなら、問題はありません。「なんだか、この人はイマイチ信用できないな」と感じた相手の出資なら、断ることは簡単です。

しかし、人は皆、お金が絡むと〝本性〟を隠し、都合のイイ姿に〝変身〟するものです。しかも、全力で変身するので、相手の本性を見抜くのは至難の業です。相手が喜ぶことを言い重ね、黒いカラスを、白だとも言います。

もし会社経営が苦しく、ノドから手が出るほど「お金が必要だ」となった時はどうでしょう。冷静に相手を見ることができるでしょうか。メガネが曇ってしまい、とんでもない人物のお金を頼りにしてしまったという失敗談は、古今東西で枚挙にいとまがありません。

2008年、事実、テスラはロードスターの出荷にもたついて資金難に陥り「近く、テスラは倒産する」ともっぱらの評判だったことがありました。そんなタイミングを見計らって、イーロンに近寄ってくる「悪意あるベンチャーキャピタリスト」もいたわけです。バンテージ・ポイント・キャピタルもそうでした。

バンテージ・ポイントからの出資話がまとまりかけた最終盤に、イーロンは相手の悪意に気づき「融資だったら受け付けるが、出資は断る」というスタンスに切り替えました。

融資と出資の違いを簡単に説明すると、融資とは単にお金を借りることで、当然返さなければなりません。一方の出資とは、お金を出してもらう代わりに株を差し出し、倒産した場合には、お金を返す義務は生じません。

資金繰りのことだけを考えれば、当然（返さなければいけない）融資より、出資の方がありがたいのです。テスラの財政が火の車なら、出資話には飛びつきたいはずなのです。

しかし、株を渡してしまったら、それだけ発言権が発生しますし、その株をライバルに売り飛ばされるリスクもあります。バンテージ・ポイントは、テスラを潰して乗っ取り、他社に売り飛ばすことを画策していたのです。

イーロン・マスクという男は、こうした「もう後がない……」というギリギリの場面でも、決してパニックに陥ることなく、冷静な判断をする能力があります。これが今日まで彼のビジネスの中核としてその成長を支えてきたのです。

経営が一番苦しい時でも、心がバラバラになりそうになっても、脳細胞をフル稼働させて状況判断し、「お金を出してくれる人」を客観的に見極める。危機の時にこそ正しい決断ができなければ、未来への道は途中で頓挫してしまいます。

未来を託したくなる男

世界中のいかなる経営者も、得意不得意があります。営業が得意な社長もいれば、ものづくりに自信を持つ社長もいます。組織管理がうまく部下からの信頼は厚いが、資金調達が下手だという社長もいます。カネ転がしは上手だが、本業はうまくいってない社長もいるでしょう。

これまで述べたようにイーロン・マスクは設計の細部に口を出し、物理学的思考で日本企業も凌駕するほどのものづくりを進め、史上初の快挙を次々と達成しています。

それらと並行して、資金調達にも汗を流し、驚きの成果をあげています。

２００9年に独ダイムラー社から、２０１０年にはトヨタとパナソニックからテスラへの出資を得ました。ＩＰＯでは2億７０００万ドル（約２７０億）を獲得。２０１３年には転換社債で6億ドル、２０１５年には増資も加えて約27億ドル、２０１６年には新株発行で17億ドルを調達しました。

株主からでなくユーザーもテスラを応援していて、「モデル３」の50万台を超える事前予約によって、合計約5億ドル（約５００億円）を集めました。

スペースＸはＮＡＳＡから得た資金は数千億円に上ります。特筆すべきは、２０１５年、ラリー・ペイジたちが創業したグーグルが投資信託大手のフィデリティと組んで、スペースＸに10億ドル（１０００億円）もの巨額出資を行ったことです。

未来を切り開くための資金をどう集めるか。

それは革新的な技術開発と並び、極めて重要なポイントです。そして、イーロンが今のところ、質の良い投資家、出資者に恵まれていることは大きな強みです。

火星をめざすスペースＸのサイトにはこう書かれていました。

「スペースＸは、火星での人間生活を可能にする究極の目標を掲げ、それを可能にする技術を果敢に開発していく」

世界をつくり変え、未来を切り開こうとするリーダーらしい、じつに胸踊る言葉です。

これからもイーロン・マスクは世界中の注目を集め、そして人類にとってますます「未来を託したくなる男」になっていくでしょう。

２０２４年、イーロン・マスク率いるスペースXが火星へ有人ロケットを打上げるそのとき、日本は、私たちは一体どうしているでしょうか。意見は様々あるものの、確かなことはわかりません。だが、少なくともイーロン・マスクの未来を創造する戦いがスケールアップして続いていくことだけは確かです。

参考文献

http://jp.techcrunch.com/2017/05/02/20170501watch-elon-musks-ted-talk-on-his-grand-tunnel-plan-self-driving-cars-and-more/

Elon Musk: How the Billionaire CEO of SpaceX and Tesla is Shaping our Future (Ashlee Vance/Virgin Books)

http://www.afpbb.com/articles/-/3142717

http://www.spacex.com/

https://news.harvard.edu/gazette/story/2017/05/mark-zuckerbergs-speech-as-written-for-harvards-class-of-2017/

http://www.huffingtonpost.jp/keizo-kuramoto/mark-zuckerberg-harvard-speech_b_16818864.html

http://jp.techcrunch.com/2017/06/02/20170601elon-musk-leaving-trump-advisory-councils-following-paris-agreement-withdrawal/

https://www.nikkei.com/article/DGXLZO13450700X20C17A2FFB000/

http://wedge.ismedia.jp/articles/-/8921

https://www.nikkei.com/article/DGKKASDZ27I6K_X21C16A2TI5000/

http://techon.nikkeibp.co.jp/atcl/feature/15/415282/072500018/?P=4&rt=nocnt

https://www.trendswatcher.net/112016/science/%E3%82%A8%E3%83%8D%E3%83%AB%E3%82%AE%E3%83%BC%E9%9D%A9%E5%91%BD%E3%82%92%E7%9B%AE%E6%8C%87%E3%81%99%E3%83%86%E3%82%B9%E3%83%A9%E3%81%AE%E8%93%84%E9%9B%BB%E3%82%B7%E3%82%B9%E3%83%86%E3%83%A0/

https://www.bloomberg.co.jp/news/articles/2017-08-04/OU3PKG6K50YF01

https://www.youtube.com/watch?v=EzQpkQ1etdA

http://thebridge.jp/2015/06/specex-interns-pickupnews

http://www.nhk.or.jp/kokusaihoudou/archive/2017/07/0728.html

『未来を変える天才経営者　イーロン・マスクの野望』 竹内一正／朝日新聞出版

『イーロン・マスク　破壊者か創造神か』 竹内一正／朝日文庫

https://www.youtube.com/watch?v=bvim4rsNHkQ

『取り逃がした未来』 ダグラス・K・スミス他／日本評論社

『トヨタ経営の源流』 佐藤義信／講談社

https://www.toyota-shokki.co.jp/about_us/history/toyoda_sakichi/

『幸之助論』 ジョン・P・コッター／ダイヤモンド社

『同行二人』 北康利／ＰＨＰ研究所

https://www.sony.co.jp/SonyInfo/CorporateInfo/History/SonyHistory/2-20.html

［著者］
竹内一正（たけうち・かずまさ）
ビジネスコンサルタント。1957年生まれ、徳島大学大学院修了。米国ノースウェスタン大学にて客員研究員。松下電器産業（現・パナソニック）に入社、新製品開発を担当。その後、アップルコンピュータに転職しマーケティングに従事。2002年にビジネスコンサルティング事務所「オフィス・ケイ」代表。シリコンバレーのハイテク動静に精通。著書に、『スティーブ・ジョブズ　神の交渉力』（経済界）、『３０代の「飛躍力」』（ＰＨＰ研究所）、『イーロン・マスク　破壊者か創造神か』（朝日文庫）ほか多数。

イーロン・マスク　世界をつくり変える男

2018年1月24日　第1刷発行

著　者――竹内一正
発行所――ダイヤモンド社
〒150-8409　東京都渋谷区神宮前6-12-17
http://www.diamond.co.jp/
電話／03･5778･7232（編集）　03･5778･7240（販売）
装丁――小口翔平＋岩永香穂（tobufune）
本文デザイン―岸和泉
校正――鷗来堂
製作進行――ダイヤモンド・グラフィック社
印刷――堀内印刷所（本文）・慶昌堂印刷（カバー）
製本――川島製本所
編集担当――山下 覚

ISBN 978-4-478-10284-8